科学理念引领下的学前教育探索

谭赟赟　著

中国原子能出版社

图书在版编目（CIP）数据

科学理念引领下的学前教育探索／谭赟赟著. -- 北
京：中国原子能出版社，2019.6
ISBN 978-7-5022-9872-2

Ⅰ．①科…　Ⅱ．①谭…　Ⅲ．①学前教育—教学研究
Ⅳ．①G612

中国版本图书馆 CIP 数据核字（2019）第 134628 号

内 容 简 介

　　本书共有八章,具体涉及学前教育经典理念阐释、学前教育与学前儿童发展、学前教育环境的人性化创设、学前教育中的生活自理教育、学前教育课程的设计、学前教育中的游戏运用与指导、学前教育与家庭教育指导、学前教育教师的专业发展路径等内容。本书对幼儿园管理者、学前教育教师更好地开展学前教育工作具有重要指导意义。

科学理念引领下的学前教育探索

出版发行　中国原子能出版社(北京市海淀区阜成路 43 号　　100048)
责任编辑　张　琳
责任校对　冯莲凤
印　　刷　三河市铭浩彩色印装有限公司
经　　销　全国新华书店
开　　本　787mm×1092mm　1/16
印　　张　15.5
字　　数　278 千字
版　　次　2019 年 9 月第 1 版　2019 年 9 月第 1 次印刷
书　　号　ISBN 978-7-5022-9872-2　定　价　75.00 元

网址：http://www.aep.com.cn　　E-mail：atomep123@126.com
发行电话：010－68452845

前　言

人生百年,立于幼学。学前教育既是我国国民教育的一个重要组成部分,也是我国基础教育的基础。同时,学前教育的开展情况,不仅事关亿万学前儿童身心的健康成长,而且事关千万家庭的切实利益,还事关中华民族未来的发展。因此,学前教育日益受到我国政府的高度重视。《国家中长期教育改革和发展规划纲要(2010—2020)》明确提出,要切实把发展学前教育摆在更重要的位置,并把学前教育纳入新时期的建设规划之中,以切实推动学前教育事业的健康发展,提高学前儿童以及中华民族整体素质的提升。

但是,由于种种历史原因以及国情的限制,我国的学前教育相比世界发达国家的学前教育还存在不小的差距,而且在学前教育的发展理念、体系构建、内容组织等方面也存在不少的问题,从而严重制约了学前教育的效果以及学前教育事业的进一步发展。面对这一现实,我国在当前及今后必须积极构建学前教育发展的科学理念,并以此为指导来进一步丰富和完善学前教育的体系、内容等,从而切实推进学前教育的健康、快速发展。基于此,作者在参阅大量相关著作文献的基础上,结合学前教育事业发展与改革的现状与经验,撰写了《科学理念引领下的学前教育探索》一书。

本书包括八章内容。第一章和第二章作为全书开篇,分别对学前教育的经典理念以及学前教育与学前儿童发展的相关内容进行了系统阐述,从而为下述章节的展开做好了理论铺垫。第三章至第六章对学前教育的结构体系进行了具体论述,涉及学前教育环境的人性化创设、学前教育中的生活自理教育、学前教育课程的设计、学前教育中的游戏运用与指导等内容,能够帮助学前教育教师更好地开展学前教育工作,从而有效提高学前教育工作的成效。由于在学前教育的发展中,家长对学前儿童的教育态度、对学前教育工作的态度、与学前教育教师工作的配合情况,以及学前教育教师的专业素养、专业发展水平等,都会对学前教育的开展以及最终成效产生重要的影响,因而第七章和第八章分别对学前教育与家庭教育指导、学前教育教师的专业发展路径的相关内容进行了详细阐述。

本书在撰写的过程中,既吸收了前人研究的有益成果,又在此基础上进行了深化和拓展,以期帮助学前教育教师在不断提高自身专业发展水平的基础上,更好地开展学前教育工作,继而推进学前教育事业的健康长远发展。概括而言,本书有以下几个鲜明的特色。

第一,针对性。本书在撰写的过程中,充分考虑到当前我国学前教育事业发展的现状、存在的问题以及未来的发展趋势等,因而对在当代更好地开展学前教育工作、推进学前教育事业的发展具有重要的指导意义。

第二,实用性。本书坚持理论与实践相结合,既尝试对学前教育发展的相关理论进行构建,又着眼于学前教育发展的现状与未来趋势,注重对学前教育教师如何在当代更好地开展学前教育工作提供具体的指导。

第三,规范性。本书在撰写的过程中,始终秉承严肃的写作态度,切实参考国内外在学前教育研究和实践中取得的成果,并对撰写的内容进行了认真修订,保证了其科学性、学术性、准确性与逻辑性。

在本书的撰写过程中,作者不仅参阅、引用了很多国内外相关文献资料,而且得到了同事亲朋的鼎力相助,在此一并表示衷心的感谢。由于作者水平有限,书中疏漏之处在所难免,恳请同行专家以及广大读者批评指正。

作　者
2019 年 4 月

目　　录

第一章　学前教育经典理念阐释

随着社会经济的快速发展,学前教育的发展成为全社会广泛关注的热点问题。从历史发展的纵向角度来说,学前教育是整个人类教育的基础,学前教育事业的发展对人类社会未来一段时期的发展产生了重要的影响。研究学前教育,不仅对学前教育的实践活动具有指导作用,也是提高学前教育质量,促进学前儿童全面发展的一个重要的途径。本章主要对学前教育的经典理念进行简要阐述。

第一节　福禄贝尔学前教育理念

一、学前教育理念的一般理论前提

福禄贝尔学前教育理念的一般理念前提主要包括以下几方面内容。

(一)上帝统一体

受德国古典唯心主义哲学的影响,福禄贝尔认为宇宙就是一个上帝统一体,上帝是一切事物的唯一本原,一切事物都来自上帝的精神,并唯独取决于上帝的精神。这种精神可以通过教育使人们自由自觉地发展和表现,这也是教育的本质。总之,上帝统一体是福禄贝尔学前教育理念的本体论前提。

（二）人性论与教育顺应自然

福禄贝尔认为，既然人性来源于上帝统一体，那么人性就必然是善的，既然如此，那么教育教学就必须顺应自然，不应有太多的干预，如果干预过多，那么就必然会毁灭存在于人身上的上帝精神，所以，在教育教学过程中必须是容忍的、顺应的。

（三）天赋本能

福禄贝尔认为，宇宙中的万物都处于不断的发展之中，包括人，人在生命的发展过程中最终会趋向于上帝的精神这一永恒的目的。福禄贝尔指出，人生来具有四种天赋活动本能：活动、认识、艺术、宗教，这是人的发展的可能性所在，人的发展就是天赋本能的表现。

（四）人的发展阶段

福禄贝尔将儿童的发展分为婴儿期（主要任务是养护，应重视感官发展）、幼儿期（主要是生活时期，智育活动加强，游戏、说话成为学前儿童生活的要素）、少年期（主要是学习期，在这一过程中，儿童更应该关心活动的成果而不是过程）和青年期四个时期，在他看来，虽然这四个阶段有很大的不同，但彼此联系，前一阶段为后一阶段打下基础，而后一阶段是前一阶段的继续，各阶段紧密相连。

二、幼儿园的任务

福禄贝尔非常重视家庭对学前儿童的教育作用，他主张改革家庭教育，给缺乏幼儿教育知识的父母提供教育内容和方法的指导，广泛建立幼儿园，弥补家庭教育的不足。他认为幼儿园的任务包括以下几方面。

第一，帮助没有时间陪伴孩子和照顾孩子的家庭解决陪伴和照顾的问题。

第二,通过各种游戏与活动使学前儿童能够对人和自然有一定的认识,同时培养孩子良好的生活习惯和民族美德,发展孩子与他人相处的技巧,并且养成集体意识,为学前儿童上小学做好准备。

第三,培养合格的幼儿园教师,并且大力推广幼儿教育的相关经验。

三、幼儿园教育的基本原则

福禄贝尔认为自我活动是幼儿园教育的基本原则。他认为,自我活动是一切生命体的最基本特征,是人类自动、自由的向外表现存在于自身之上的上帝精神的基本方式。通过自我活动,个体认识自然和人性,并最终认识上帝的统一。

四、幼儿园中的"恩物"、游戏和作业

(一)幼儿园中的"恩物"

"恩物"即上帝恩赐之物,为了帮助学前儿童更好地开展自我活动,福禄贝尔设计了一套由圆球体、立方体和圆柱体组成的活动玩具,本着上帝统一体的思想,他将这套玩具取名为"恩物"。"恩物"主要有六种。

(1)用红、橙、黄、绿、蓝、紫 6 种颜色的毛线做成的圆球,每个圆球体系有一根短线,可以提着摆动。

(2)硬木制成的圆球体、立方体、圆柱体,它们的直径、高度一样。

(3)由 8 个同样大小的小立方体组成的一个大立方体,放在一个盒子内。

(4)硬木制成的大立方体,沿纵向切成 8 个体积相同的小长方体。

(5)硬木制成的大立方体,将每一纬度均分为 3 部分,共分成 27 个体积相等的小立方体。其中,18 个小立方体不再分割,另外

9个小立方体再分别沿对角线切分为36个体积相同的小三角体。

(6)硬木制成的大立方体,先分成体积不同的27个小长方体,然后再从不同角度分割出一些更小的长方体。

(二)幼儿园中的游戏

福禄贝尔认为,游戏是人生的一个重要因素,游戏能够给人以欢乐、自由、满足,他不仅主张将游戏作为幼儿园的教育方式,更主张在市镇设立公共游戏场。

福禄贝尔强调集体游戏在幼儿园中的重要性,认为可以通过集体游戏获得愉快,培育学前儿童之间的友谊和信赖的感情。他还重视游戏中的象征意义对学前儿童发展的作用,认为这是发展学前儿童想象力的重要途径。

福禄贝尔将幼儿游戏分为以下三类(表1-1)。

表1-1　福禄贝尔的游戏分类

游戏分类	游戏目的
身体的游戏	锻炼学前儿童的身体
感官的游戏	训练感官能力
精神的游戏	训练学前儿童的思考与判断能力

(三)幼儿园中的作业

福禄贝尔认为,作业是"恩物"的发展与延伸,学前儿童只有在掌握了"恩物"之后才能利用"恩物"来完成作业。除了运用"恩物"完成作业外,他认为学前儿童还可以参加一些简单的劳动。福禄贝尔还为学前儿童制定了一套幼儿园作业大纲,要求学前儿童作业活动的布置应严格遵守从简单到复杂的原则。总之,福禄贝尔认为作业活动是使学前儿童体力、智力和道德和谐发展的主要方法。

第二节　蒙台梭利学前教育理念

一、学前教育理念的一般理论前提

蒙台梭利学前教育理念的一般理念前提主要包括以下几方面内容。

(一)教育的目的

蒙台梭利认为教育具有生物学和社会学双重目的。

1.生物学目的

从生物学目的来看,教育的目的是帮助儿童自然发展。

2.社会学目的

从社会学目的来看,教育的目的是培养个人适应环境。

(二)儿童发展的动力

对于儿童的发展动力是来自遗传还是取决于环境的认识,蒙台梭利有一个变化的过程。在她年轻时,比较强调遗传的重要作用,她认为,环境不能创造生命,它是生命的第二要素,而遗传则是生命的第一要素,儿童的成长是由于生命的胚胎按照遗传决定的生物学规律发育。生命自己表现自己,生命的发生与发展受到不可逾越的规律的限制。随着年龄的增长,蒙台梭利的观念发生了变化,比较倾向于强调环境的主导作用以及有机体与环境之间的相互作用。她认为,除遗传因子的作用外,还有它们对之起作用的环境的影响。环境在成熟的过程中起着主导作用①。

(三)儿童心理发展的特征

蒙台梭利认为,儿童心理发展的特征包括以下几个方面(表1-2)。

表 1-2　儿童心理发展的特征

特征	内容
有两个"胚胎期"	一是生理胚胎期,存在于出生前,人和动物都有;二是心理胚胎期,出生后至3周岁,人所特有。人只有通过吸收外界的信息,才能促进心理发展
具有"吸收心理"	受生命潜能的影响,所有儿童天生具有一种"吸收"文化的心理,因此可以自己教自己
发展的敏感期	儿童和生物一样,在发展过程中对特殊环境刺激都有一定的敏感期。她根据观察,区分了不同的敏感期,如出生后2个月~8周岁是语言敏感期,1~4周岁是秩序敏感期,0~5周岁是感觉敏感期和动作敏感期等
发展的阶段性	蒙台梭利以当时心理学为依据,将儿童发展分为三个时期:第一个时期是0~6周岁,是儿童个性形成的重要时期。其中,前3年为心理胚胎期,后3年才是儿童个性形成的时期;第二个时期是6~12周岁,儿童的成长特点是稳定的,开始具有抽象的思维能力,产生道德意识和社会感;第三个时期是12~18周岁,是青春期,身体成熟,可以像成人一样教育他们

二、学前教育的原则

蒙台梭利提出了学前教育的两条基本原则(表1-3)。

---

① ［意］蒙台梭利.蒙台梭利幼儿教育科学方法［M］.任代文,译.北京:人民教育出版社,2001:126.

表 1-3　蒙台梭利学前教育的原则

原则	内容
自由的原则	儿童有自己发展的敏感期,具有吸收性心理,能根据自己心理需要和倾向,自由地选择物体和活动,任何工作、活动都不是强迫的
工作的原则	蒙台梭利认为,儿童只有靠环境经验才能充分发育、成长,这种经验就被称为"工作"。工作能确保学前儿童心理上的满足,促使他们发展

三、学前教育的环境

蒙台梭利在晚年时特别重视环境对学前儿童的作用,她认为,如果让学前儿童生活在一个有利于他们自然发展的环境中,使他们能按自己的需要、发展的节奏和速度来行动,他们就会显现出惊人的特性和智慧。蒙台梭利认为,为学前儿童提供的环境应符合两个标准。

第一,有助于自由发展,应尽可能减少障碍,要有秩序,要充满生气,是一个愉快的环境。

第二,条件适宜。能提供最有利于学前儿童成长的外部条件。

四、学前教育的内容

蒙台梭利对学前儿童实施的教育包括以下几方面。

(一)初步知识教育

蒙台梭利认为,学前儿童具有学习初步知识的能力,可以教他们学习阅读、书写和计算。初步知识教育中应注意以下几方面。

第一,书写先于阅读练习。蒙台梭利认为,通过触觉练习,学前儿童可以自然地进行书写练习。学前儿童掌握了书写的技能之后,就转入阅读练习。她还设计了练习书写、阅读的教具,供学前儿童使用。

第二,学习计算时,先利用学前儿童接触到的物体练习计算,再用图形数字进行认数和记数练习,最后教学前儿童学会数字1~20的加减乘除。

(二)实际生活练习

蒙台梭利认为,实际生活练习最根本的特点是实用,所以练习要紧密联系学前儿童的实际生活,实际生活训练不仅能促进身体健康,而且有益于培养儿童的意志力、独立性和团结合作的精神。概括来说,"儿童之家"的实际生活练习包括以下几大类。

第一,清洁练习,包括个人卫生和环境卫生。

第二,秩序练习,使学前儿童养成遵守秩序的习惯。

第三,安静练习。

第四,会话练习。

蒙台梭利专门设计了用于实际生活练习的教具,让学前儿童反复练习。

此外,蒙台梭利还让学前儿童参加户外的园艺活动和饲养活动、手工活动等。

(三)肌肉训练

蒙台梭利认为,3~6周岁是练习肌肉最重要的时期。肌肉练习不仅有益于健康,而且可以训练儿童动作灵活,培养儿童独立、自由的性格,使他们养成适应周围环境的本领。她在"儿童之家"为儿童安排了自由游戏、滚铁环、放风筝等许多活动。她把这些帮助学前儿童训练肌肉的方法称为"体操",为了开展这些活动,她为儿童设计了平行木栅、摇椅、绳梯、跳板、攀登架等各种专门器械;为让学前儿童充分地活动,她还设计了有音乐节奏地走步、跑步和跳跃等练习,以激发学前儿童活动的兴趣。

(四)感官训练

蒙台梭利认为,3～6周岁是感官发展的关键时期,对学前儿童的每一种感官进行单独的训练,可以使他们的感觉更加敏锐,观察力得到发展,从而为高级智力活动打下基础。蒙台梭利创造了一套很有秩序的教具与训练方法,从不同角度对儿童的触觉、视觉、听觉、味觉、嗅觉进行训练。她特别强调采用单独训练的方法,使一种感官的训练不受其他感官的影响,以便培养一种感觉器官极度的敏感性。

第三节　瑞吉欧学前教育理念

一、瑞吉欧学前教育体系中的儿童

瑞吉欧学前教育体系中确立的儿童观包括以下几点(表1-4)。

表1-4　瑞吉欧学前教育体系中确立的儿童观

儿童观	内容
儿童具有丰富的潜能	儿童天生具有丰富的潜能和充沛的创造力,"孩子有一百种语言,一百只手,一百个想法,一百种思考、游戏、说话的方式"
儿童拥有自己的权利	儿童作为文化的享有者和创造者,应该被承认拥有自己的权利,他们有权实现和扩展自己的潜能,展现交往的能力,获得爱、信心和满足学习的要求和意愿
儿童有主动学习的愿望	孩子们会好奇地窥探世界、敏锐地关注事物的细节,有主动学习的愿望
儿童是有差异的	对待儿童的差异,应该避免用"速成的、暂时的解决方式以及急躁的方式"
儿童是"关系"中的儿童	儿童是在教育过程中"建构"起来的,处于各种关系之中

二、瑞吉欧学前教育体系中的环境

在瑞吉欧学前教育体系中,环境具有举足轻重的地位。瑞吉欧教育工作者认为,环境是学前儿童与学前儿童之间、学前儿童与成人之间以及学前儿童与物之间互动的关键性因素,是一个可以支持社会互动、探索与学习的"容器"。环境被视为儿童的第三位老师,其原因主要包括以下几方面。

(一)环境对学前儿童、教师、家长均具有重要意义

要把学前教育机构视为一个生命有机体以及能满足学前儿童潜能实现和扩张的需要、满足成人和学前儿童分享生活与关系经验的地方,就要求重视环境的创设。所以,在瑞吉欧幼儿学校里,空间的设置必须确保每一位学前儿童拥有幸福感,能让学前儿童、教师、家长充分互动。

(二)环境应体现儿童文化性和多种选择性

为了符合儿童的需要,环境必须体现儿童文化的特性,同时,能满足儿童多种潜能发挥的需要。瑞吉欧教育机构的环境,需要对学校大厅入口、学校广场、教室、工作室等场所进行精心设计。

三、瑞吉欧学前教育体系中的教师和家长

在瑞吉欧学前教育理念中,学前儿童、家长和教师共同构成一个生命有机体,因此,瑞吉欧学前教育非常重视教师和家长在学前教育中的作用,具体包括以下几方面内容。

第一,教师的职责是为儿童提供经验和创造的机会,观察和倾听儿童,同儿童一起开展开放性讨论。

第二,家长参与学前儿童学校的活动,为孩子提供安全和幸福感,确保家长和教师相互了解,激发家长思考儿童的教育问题。

第三,教师与家长应该合作。

第四节　陈鹤琴的学前教育理念

一、学前儿童分期

陈鹤琴于1919年留美回国后,成为最早在中国开始研究儿童心理的人。他将学前儿童发展分为四个阶段(表1-5)。

表1-5　学前儿童发展的阶段

阶段	内容
新生婴儿时期	新生1个月左右,开始本能的反射活动
乳儿时期	1个月到1周岁左右,在反射和感觉活动的基础上,联合运动开始发生
步儿时期	1周岁到3周岁半左右,运动技能形成,语言开始发展
幼儿时期	3周岁半到6周岁左右,"智慧生活"蓬勃兴起,"社会性的发展"开始

二、学前儿童的心理特征

陈鹤琴认为,教育若要取得成效,必须明了受教育者的心理。他认为,学前儿童的心理特征主要有以下几个特点(表1-6)。

表1-6　学前儿童的心理特征

心理特征	内容
好动	陈鹤琴认为好动是学前儿童非常显著的特点,对于这一特点,家长及教师要认真对待,给他们充足的机会和适当的刺激,使学前儿童多与万物接触
好模仿	陈鹤琴认为儿童学习语言、风俗、技能等大都依赖模仿心
好奇	陈鹤琴认为儿童对于一切新的东西都会出现好奇心,他们一好奇,就会主动与新东西接触,一接触,就会知道这个东西的性质,接触越多,知识面就会越广

心理特征	内容
好游戏	陈鹤琴认为儿童好游戏是天然的倾向,近世教育利用这种活泼的动作发展儿童的个性与造就社会中的不良分子
喜欢成功	陈鹤琴认为儿童是非常喜欢成功的,他肯定这种心理是非常好的,成人应当利用这种心理去鼓励儿童做各种事情,并且他还告诫人们:让儿童做的事情不要太难,否则会挫败儿童的自信心
喜欢合群	陈鹤琴认为凡是人都是喜欢群居的,幼小的婴儿如果离群独居就会哭喊,儿童在2岁时就要与同伴游玩,到了五六岁时这个乐群心就更强了
喜欢野外生活	陈鹤琴认为儿童都喜欢野外生活,这种游玩对于儿童的身体、知识、行为都有很好的影响
喜欢称赞	陈鹤琴认为孩子在两三岁时就非常喜欢听好话,成人应该用言语、动作、表情等来鼓励他,但鼓励要做到适当,以免适得其反

三、幼稚园课程理论

陈鹤琴在丰富的实践基础上,提出了幼稚园课程的理论,具体包括以下几方面。

(一)幼稚园课程要以自然和社会为中心

陈鹤琴主张把幼稚园的课程打成一片,成为有系统的组织。他认为儿童的环境不外乎两种:一种是自然环境,包括动植物和自然现象;一种是社会环境,包括个人、家庭、集体等类的交往。可确定的中心如:节日,包括中秋、重阳、元旦、端午等;自然界的应时物,包括秋菊、冬雪、春桃、夏荷等;社会性事件,包括纪念日,庆祝会、恳亲会;等等。自然和社会这两种环境是儿童天天接触的,应当成为幼稚园课程的中心。

(二)课程应为目标服务

他认为幼稚园课程应从做怎样的人、有怎样的身体、怎样开发儿童的智力、怎样培养情绪四个方面的目标来考量。

(三)幼稚园课程应当采用游戏式、小团体式等教学方法

陈鹤琴认为儿童总是喜欢游戏的,幼稚园的课程又是很容易游戏化的,儿童在游戏中、在活动中学习,会有事半功倍的效果。陈鹤琴还主张多采用小团体的教学法,他认为幼稚生的年龄不齐、智力不同、兴趣不一,应当区别对待、分组施教,以使处于不同发展水平的幼稚生都有所长进。

(四)幼稚园课程应实施"整个教学法"

陈鹤琴不主张幼儿园分科教学,他认为分科教学是模仿大学的。大学生程度高、知识深、非分科不可。而幼稚园的分科教学是四分五裂、杂乱无章的,是违反儿童的生活和心理的。儿童生活是整个的,教材也必然是整个的,互相连接不能四分五裂。他主张最好由一位教师去教,以体现整体性,而不至割裂。

(五)五指活动

20世纪40年代,陈鹤琴将幼稚园的课程确定为健康活动(包括饮食、睡眠、早操、游戏、户外活动、散步等)、社会活动(包括朝夕会、周会、纪念日集会、每天的谈话及政治常识等)、科学活动(包括栽培植物、饲养动物、研究自然、认识环境等)、艺术活动(包括音乐、图画、手工等)、语文活动(包括故事、儿歌、谜语等)。这五个方面的活动是相互连贯的,犹如生在手掌上的五指一样,所以称为五指活动。

四、陈鹤琴的"活教育"理论

陈鹤琴的"活教育"是针对拘泥于书本的旧教育而提出的。他的"活教育"理论,受到欧洲新教育、美国进步主义教育以及国内陶行知的生活教育理论的影响。1939年,他为《小学教师》撰写发刊词时,根据陶行知对传统教育"教死书,死教书,教书死;读死

书,死读书,读书死"的批评,提出教师要"教活书,活教书,教书活",学生要"读活书,活读书,读书活",正式提出了活教育的主张。他从1940年主持江西省立幼稚师范学校开始实践探索活教育的主张,到1947年,正式整理出"活教育"的思想体系。该体系包括目的论、课程论、方法论三大部分。

(一)目的论

陈鹤琴指出活教育的目的就是"做人、做中国人,做现代中国人"[①]。这样的人应该具备以下五个条件。

第一,要有强健的身体。

第二,要有建设的能力。

第三,要有创造的能力。

第四,要有合作的态度。

第五,要有服务的精神。

抗战胜利后,随着形势的发展,他又进一步提出"做人、做中国人、做世界人"[②],"爱国家,爱人类,爱真理"[③]的要求,说明陈鹤琴的活教育的目的论不仅体现了他的爱国主义精神,并且反映了他具有放眼世界的胸怀。

(二)课程论

陈鹤琴指出:"大自然、大社会,都是活教材。"[④]针对传统教育书本万能的旧观念所形成的课程固定、教材呆板的死教育现象,陈鹤琴认为大自然、大社会才是活的书、直接的书,应该向大自然、大社会学习。活教育课程编制有两个原则。

第一,根据教育部颁发的课程标准。

第二,根据当地实际环境的情形。

① 陈秀云,陈一飞.陈鹤琴全集:第四卷[M].南京:江苏教育出版社,2008:274.
② 陈秀云,陈一飞.陈鹤琴全集:第四卷[M].南京:江苏教育出版社,2008:59.
③ 陈秀云,陈一飞.陈鹤琴全集:第四卷[M].南京:江苏教育出版社,2008:62.
④ 陈秀云,陈一飞.陈鹤琴全集:第四卷[M].南京:江苏教育出版社,2008:284.

(三)方法论

活教育方法论的基本原则是"做中教、做中学,做中求进步"①。活教育重视直接经验,强调以"做"为中心,主张在学校里的一切活动凡儿童自己能够做的,就应当让他自己做。做了就与事物发生直接的接触,就获得直接的经验。他把教学过程分为实验观察、阅读参考、发表创作和批评研讨四个步骤。教师的责任是引发、供给、指导和欣赏。

① 陈秀云,陈一飞.陈鹤琴全集:第四卷[M].南京:江苏教育出版社,2008:1.

第二章　学前教育与学前儿童发展

　　学前教育是奠基事业,具有极高的个人和社会发展价值。学前教育是学前儿童进入小学前的准备,为义务教育的实施奠定基础。学前教育以促进学前儿童身心的全面、和谐发展为目标,其关系学前儿童健康、社会性、情感和认知等领域的长期发展。优质的学前教育不仅对学前儿童及其家庭有利,更具有重要的社会经济价值,还有利于降低犯罪率和改善公民的健康状况和生活质量。本章就学前教育与学前儿童发展两大方面展开阐述。

第一节　学前教育的内涵

一、学前教育的概念

　　学前教育是对学龄前儿童实施的影响其身体、认知、情感与社会性发展的活动。学龄前儿童即入学前的儿童。因各国儿童入小学的年限不同,教育传统与习惯不同等,所以学前儿童的年龄范围并非完全一致。例如,印度的儿童5周岁就上小学,挪威和俄罗斯的儿童却要到7周岁才能入小学。在我国,夏商时期是13周岁入小学,西周至秦10周岁入小学,秦汉以后9周岁或8周岁入小学。在现代,根据我国2006年修订的《中华人民共和国义务教育法》的规定,儿童入小学的年龄是6周岁,条件不具备的地区的儿童,可以推迟到7周岁。儿童不论是5周岁入学,还是6周岁、7周岁入学,入学前的这一时期都称为"学前期"。

　　根据对学前儿童年龄范围理解的不同,学前教育有广义和狭义之分。广泛意义上,学前教育指对出生到入学之前儿童的教育;狭义的学前教育指幼儿教育,即 3～6 周岁儿童的教育。早期教育也是经常运用的一个概念。

根据学前教育实施场所的不同,学前教育也有广义和狭义之分。广义的学前教育泛指一切形式、所有场合的学前教育,包括家庭学前教育、社会学前教育、专门化的学前教育机构的教育;狭义的学前教育仅指在专门化的学前教育机构进行的教育,包括托儿所教育、幼儿园教育、学前班教育等。本书如无特别所指,学前教育均指广义的学前教育。

学前教育的"教育"的内涵丰富。一方面,学前教育的内涵必然包括了通常意义上的教育,即根据社会需要和个人特点,经由专门机构和人员,有目的、有计划、有组织地影响受教育者的身心发展。另一方面,由于学前儿童身心稚嫩,正处于迅速发展的时期,学前教育概念必然也包括对学前儿童的看护和保育工作。在欧美,学前教育也称为"儿童早期保育和教育"。

在学前教育研究和实践领域,"学前教育""幼儿教育""早期教育""幼稚教育"等概念常常交叉使用,有必要厘清。

"幼儿教育"从字面看,指的是对幼儿的教育,即对 3～6 周岁儿童的教育。从外延来看,幼儿教育至多是狭义上的学前教育,不能等同于广义的学前教育。但是,由于目前我国学前教育的主体是幼儿园,因此,用幼儿教育指代学前教育有一定的合理性。

"早期教育"从字面看,强调的是对早期儿童的教育,关键是如何界定"早期"。长期以来我国学前教育关注的焦点是 3～6 周岁的幼儿,对 3 周岁前的孩子的保育和教育关注不足,因此,我国通常所讲的"早期教育",一般特指对 3 周岁前儿童的保育和教育。但从国际上通行的标准看,早期儿童包括了 0～8 周岁的儿童。因此,"早期教育"和"学前教育"两个概念是相互交叉的。这两个概念能否互换,要根据使用的语境而定。

"幼稚教育"则是我国近现代用来指称对学龄前儿童实施教育的概念。中华人民共和国成立后,在正式文件中,一般使用"学前教育"一词代替"幼稚教育"。

二、学前教育的基本要素

构成学前教育的基本要素包括学前儿童、教师、教育内容、教育手段四个要素。其中,学前儿童和教师是学前教育中"人的要素",是学前教育中的主体;教育内容是师幼共同认识的客体;教育手段是进行学前教育的必要条件。

(一)学前儿童

学前儿童是学前教育中的核心要素,是学前教育中"学习"活动的主体。学前儿童是学前教育的出发点,所有的学前教育活动都是为儿童而开展。

学前儿童在身心各方面的发展都不成熟,因此也可说学前儿童具有巨大的发展可能性与潜能,当然,学前儿童虽然幼小,但他们也是主体的人,具有能动性、自主性和自为性。学前儿童有自己的需要、兴趣和选择,他们依靠自己的内心与独立思考主导自己的行动,因而,学前教育必须首先关照学前儿童作为主体的人的地位,给予儿童充分的自主性和能动性,尊重其兴趣和选择,使其成为各种学习活动、操作活动的主体。

(二)教师

教师是儿童发展的引导者、帮助者,是学前教育活动的设计者、组织者、实施者,是学前教育中"教学"活动的主体。学前儿童身心发展的特点决定了学前教师与其他阶段教师不同,其不仅要担负教育学前儿童的任务,还要承担学前儿童的保育任务。同时,学前教育是以领域综合教育活动为主,且学前教师并没有专门的学科划分,这要求教师具备综合、整体设计、组织、实施学前教育活动的能力。这些是学前教师与其他学段教师在角色定位和工作任务、工作方式等方面的不同之处。

总的来说,学前儿童和教师作为学前教育中"人的要素",两者间存在复杂的相互关系。学前儿童和教师分别作为"学的主体"和"教的主体"。相对于"学"的活动，学前儿童是主体，教师是客体；相对于"教"的活动，教师是主体，学前儿童是客体。总之，学前儿童和教师在学前教育活动中互为主客体，互为存在条件，二者密切联系、相互影响。

（三）教育内容

教育内容是学前儿童和教师共同认识、掌握、运用的对象，是教育活动中的纯客体。学前教育中的教育内容具有广泛性、生活性和综合性。学前教育内容既包括"保育"内容，如进餐、睡眠、盥洗、穿脱衣帽、整理床铺、书包等日常生活活动内容，也包括健康、语言、社会、科学、艺术五大领域的"教育"内容。

（四）教育手段

教育手段指教师将教育内容作用于学前儿童所借助的各种形式与条件的综合，包括物质手段和精神手段等，是开展学前教育活动的基本条件。物质手段是进行教育时所需要的一切物质条件，包括三大类：活动场所与设施、教育媒体、教学辅助手段。精神手段包括教育方法和教育途径。

三、学前教育的目标

学前教育目标是国家对学前教育机构提出的学前儿童发展的总体目标和要求，是全国各类学前教育机构对学前儿童进行教育活动的统一指导思想。学前教育目标是人们在学前教育活动之前，预先设想和确定的关于教育活动最终期望达成的结果。目前，我国教育要为社会主义现代化建设，为国家的繁荣昌盛和伟大复兴培养人才。学前教育作为一个人教育和发展的重要阶段，该阶段教育的目标也必须服务于当代社会的需求。具体培养目标如下。

(一)促进学前儿童生长发育,提高其身体素质

一方面,学前儿童的身体正在迅速发育,学前儿童感受到自己身体的力量,并在不断活动中显现这种力量。但另一方面,他们的身体还极不成熟,动作发展还不协调,自我保护能力还很差,易受疾病、事故的伤害。教育者根据学前儿童生长发育的特点,着眼于学前儿童身体素质的提高,有计划地为学前儿童创设一个让其身心愉快的环境,在培育学前儿童良好性格的同时,合理地安排其营养保健和一日生活,科学地组织其进行体育锻炼活动,培养学前儿童良好的生活卫生习惯,增强其对疾病的抵抗能力和对环境变化的适应能力等,帮助学前儿童增强体质,健康地成长,为将来成为体魄健壮的社会成员打下基础。

(二)开发学前儿童大脑潜力,促进其智力发展

学前期是智力发展的关键时期,也是语言、智力、形状知觉、音感等发展的敏感期,所以,教育者在这段时期给予学前儿童适宜的教育,将收到事半功倍的效果,若推迟教育的话,则效果将大打折扣。很多研究证明,学前教育首先是增进学前儿童对环境的认识,获得粗浅的知识;其次是培养学前儿童的问题意识,发展思维能力和解决问题的能力;再次是培养学前儿童的语言交往能力。

(三)发展学前儿童个性,促进其人格的健康发展

人的个性、性格、思想道德和行为习惯都是在一定的教育影响下逐渐形成和发展起来的。在学前期受到的教育和影响,常常会在一生中留下印记。不少成人有心理、行为问题,其原因常常可以追溯到其学前期。所以,学前教育要把握生活中的每一个教育点,教育学前儿童养成独立、自主、自尊、信任等良好的人格特征。

（四）培育学前儿童美感，促进其想象力、创造性的发展

由于学前儿童思维、情感的特点，他们喜欢用形象、声音、色彩、身体动作等来思考和表达。从这一特点出发，学前教育要以美熏陶、感染学前儿童，满足其爱美的天性，使其萌发美感和审美情趣，激发他们表现美、创造美的欲望，发展他们艺术的想象力、创造力，促进其全面和谐的发展。

总而言之，学前教育就是培养学前儿童体、智、德、美等方面的全面发展。

四、学前教育的特征

学前教育从本质上讲是一种培养人的社会活动，是人类教育活动、教育体系的有机组成部分，但与其他阶段相比，学前教育具有如下几点特征。

（1）基础性。虽然整个基础教育阶段都是为个体一生的生活、学习与发展奠基，但学前教育阶段的基础性更为鲜明、突出。第一，从个体的发展来看，学前期是人生的起始阶段，个体的运动能力、感知能力、思维能力、想象力、言语能力以及自我意识、个性发展等都是在学前期开始发生、发展，并为人一生的身心健康发展奠定基础。第二，从整个教育体系来看，学前教育是教育体系的起点，是整个教育体系的基础。

（2）启蒙性。学前教育的启蒙性是指学前教育要与学前儿童的发展需要联系起来，要启于未发，适时而教，循序而育。一方面，从学前儿童的发展特点和需要来看，学前教育要依从学前儿童发展的内在本能。另一方面，从学前教育的目的和内容来看，学前教育具有启蒙性。学前教育的主要目的与任务是帮助学前儿童度过快乐的童年，同时，让学前儿童获得一些促进其身心发展的经验，说明学前教育的主要任务是让学前儿童享受当下，开启蒙稚。

（3）保教合一性。学前期，儿童身体各器官、各个系统的机能

还没有发育成熟、完善,缺乏生活自理能力,同时,学前儿童身体的生长发育也十分迅速;心理上,儿童的生活经验少,自我控制能力差,对成人的依赖性很强,同时,儿童的各种心理机能在逐步萌发,快速发展。因此,要求学前教育要保教合一,既要关照学前儿童身体的生长发育,照顾学前儿童的生活,保障儿童的生命健康,也要促进学前儿童心智的发展。这既是学前教育的原则,也是学前教育区别于其他学段教育的重要特征。

五、学前教育的原则

学前教育遵循的原则包括学前儿童本位、全面发展、个性化、以游戏为主等。

(一)学前儿童本位的教育原则

(1)保障每一位学前儿童的学习权。20世纪中叶以后,人类教育进入"大众主义"时代。"大众主义"时代的学前教育谋求平等与高质量兼得。这也就意味着:每一个适龄儿童都应当平等地接受高质量的学前教育。为此,就要积极消除教育差异,特别要积极接纳边际群体(如街头流浪儿、童工、偏远地区儿童或游牧儿童及其他处境不利儿童);要消除性别差异,确保女童及妇女受教育的权利;为有特殊教育需要的儿童(指所有残疾或学习困难的儿童)提供平等的受教育机会,依法贯彻全纳性教育原则,使每一所学校成为"全纳性学校"。当前我国的学前教育逐步转向谋求高质量与平等兼得。中国当前深化课程改革过程中所产生的种种教育热点问题(如重点幼儿园、天价幼儿园等问题、学前教育阶段经费筹措问题、学前教育阶段教师待遇问题,城市与农村幼儿园差距问题等),大都反映了人们对教育公平的渴望。

(2)热爱学前儿童、尊重学前儿童。在教育过程中坚持热爱学前儿童、尊重学前儿童是学前儿童正常发展的前提,为此,教师应注意如下几点:第一,教师应热爱每一位学前儿童,不论其出身、家庭背景、性别、年龄、相貌、发展水平,都应一视同仁。第二,要信任、尊重、民主地对待学前儿童。第三,要鼓励学前儿童,帮助学前儿童建立自信心。第四,要保护学前儿童的自尊心。教师不要当着第三者揭学前儿童的短处。第五,要杜绝体罚学前儿童。教师不能歧视学前儿童、虐待学前儿童、体罚和变相体罚学前儿童、侮辱学前儿童的人格,以免损害学前儿童的身心的健康发展。

(二)全面发展的教育原则

学前教育要倡导全面教育。学前儿童在以下六个方面的发展是重要的,即自我意识的发展、情感健康发展、社会性、交流能力、认知能力、感知和运动能力。

(1)促进学前儿童自我意识的发展。教师应创造一种支持学前儿童的积极的自我认识发展和增强学前儿童在日常生活中的独立性的教学游戏环境。教育应从自理能力、独立性、个人健康、个人安全这几方面来促进学前儿童的自我发展。

(2)促进学前儿童情感的健康发展。教师应鼓励学前儿童理解和接受他们自己的情感,增强人际关系以及促进他们成功地对付压力和变化能力的发展。课程与游戏应促进学前儿童情感在以下几个方面获得发展:对情感的认识、接受和表达;对各种状态做出反应的能力;学会运用放松的技巧,学会解决感情上的冲突和问题。

(3)促进学前儿童的社会性发展。课程教学、游戏应为学前儿童社会性的发展提供一条途径,应使其在合作中进行,让学前儿童学会分享、学会合作,扩展对他人的同情心以及减少自我中心。

(4)促进学前儿童交流能力的发展。教师应通过游戏提供一种自然情境,一种有助于分享思想、情感和新颖的想法的情境,从而促进学前儿童语言技能的发展。

(5)促进学前儿童认知能力的发展。教师应通过课程或游戏鼓励学前儿童积极地作用于环境,解决内部的和人际间的冲突,以及完成智力和认知方面的任务。以游戏为基础,允许学前儿童进行选择和自我指导的课程,鼓励学前儿童按照自己的速度学习,而且能让学前儿童获得主动感和成就感、有兴趣地快乐地学习和形成自我指导,信任自己和有良好的自我价值感。

(6)促进学前儿童感知和运动能力的发展。教师通过游戏、体育课程等活动促进学前儿童以下几方面感知运动能力的发展:手脚眼的协调,大肌肉运动能力,非大肌肉运动能力,身体支配和控制平衡能力等。

(三)个性化的教育原则

以学前儿童为本的思想的确立表明在宏观的学前教育理念和学前教育政策上确立起了个性发展的方向。追求个性发展成为当今世界学前课程改革的重要价值取向。个性是完整的,创造力、想象力等品质是个性健全发展的表现。个性是独立的、具体的、特殊的。个性发展内在地包含社会性的发展,每个人的发展必然带来整个社会的发展。培养个性应尊重个性的完整性、独立性。基于个性化原理的教育,要求教师要充分尊重学前儿童的独立性和自主性,还要充分调动学前儿童参与探究的积极性,保障每一个学前儿童以多样个性为出发点的活动性学习、合作性学习;幼儿园要培养每一个学前儿童成为自立的、活动的合作的学习者,构筑学习共同体。

(四)以游戏为主的教育原则

游戏是学前儿童自发的、不受外在施加的目标引导,是为了产生刺激而不是为了获得物体信息的一种活动模式。教师可以通过多种方法来应用游戏达到推动儿童发展的目的。第一,通过提供支持性的游戏环境,进行"情境教学"。第二,深刻理解游戏的社会实践性,促进学前儿童的社会性发展。第三,游戏是表演,是一个舞台事件,以此来扩展学前儿童的各种智能。游戏是学前儿童的表演,要求教师尊重学前儿童装扮的游戏世界与真实世界分离开的界限。所以教师无论是作为一个成人试图进入游戏世界，还是试图帮助一个儿童加入一个正在游戏的共同体组织，都应保持高度的敏感。第四，把游戏作为学前儿童"作品"来阅读，生成学前儿童的课程。教师通过观察学前儿童在游戏中的所作所为，可以评估学前儿童知道什么，学前儿童是如何组织经验及如何表达它们的，以及什么对学前儿童来说是重要的。然后教师就可以抓住学前儿童的特殊兴趣生成学前儿童喜欢的课程。

第二节　学前教育的发展演进与发展趋势

一、学前教育的发展演进

学前教育作为人类社会的活动现象之一，是随着社会的发展变化而逐步演变、形成的。

(一)古代的儿童公育、家庭学前教育

在原始社会，没有产生专门的教育活动，因此也就不存在现代意义上的"学前教育"。随着古代文明社会的来临，家庭学前教育产生。在普通家庭，0～7周岁的儿童，在家庭生活中得到父母和长辈的照料，学习初步的生活知识、社会知识。皇室、贵族以及地位较高的家庭中的年幼儿童的教育则有了初步的学前教育专门化形式和生产生活知识以外的内容。家庭教育和宫廷教育是古代埃及学前教育的主要形式。在古埃及，皇族子弟为继承皇权和登上最高统治者的宝座，除了年幼时期专有乳母、保姆等精心喂养，还要进入宫廷学校学习。宫廷学校是融学前教育和初等教育为一体的一种教育形式，是由国王(法老)在宫廷中专门开设的。官吏子弟的学前教育主要在家庭中进行，母亲照管饮食起居和教育女孩，父亲则负责教育男孩。古代埃及学前教育的内容主要是祭司、医学、建筑、军事、农务等。古代埃及家庭里的孩子，几

乎都要重走父辈的从业道路,世代相传地去继承父业。他们从小就在家庭中接受父辈的教诲,一年一年地逐步了解和掌握父辈职业的秘传手艺。中国古代帝王、诸侯均注重对宫廷中幼年孩子的教育。西周皇室子弟出生后,要被安置于宫中单独辟设的"孺子室"中受保育和教育。

(二)近现代的社会学前教育的兴起和发展

文艺复兴以后,工业革命逐步兴起,大量劳动妇女走出家门到工厂就业,低龄孩子的照料、教育成为一项社会问题,社会学前教育逐步发展起来。

1.慈善性质的托儿所、保育所、幼儿学校等机构的建立

欧洲学前教育发端于17世纪后半期的贫民婴幼儿保护和养育设施。17世纪后半期,英国圈地运动使大批农民被迫离开家园而集聚于城市,为产业革命创造了基础条件,同时也带来一系列社会问题,使贫民管理(包括贫民婴幼儿的隔离、保护和教育问题)成为英国政府的头等大事。由此也形成了近代贫民慈善学前教育的传统。1696年,英国贸易殖民地委员会提出建立"纺织学校""劳动学校"的建议。在"纺织学校"里,对年收入不足40先令的家庭的6~14周岁的男女儿童全部实行免费的义务教育,而4~6周岁的儿童可以自由入学。在"劳动学校"里,规定教区受救济的贫民的3~14周岁的儿童接受义务教育。18世纪,英国贫民处境恶劣,幼儿死亡率极为惊人,因而国家加强了贫民幼儿的生命保护工作。可以说,18世纪英国对贫民的幼儿本来就缺乏教育的意图。也就是说,在产业革命之前,大众化的学前教育设施尚未问世。但是我们可以说,这种发端于英国的、作为贫民政策的学前儿童保护和养育设施是近代欧洲学前教育设施的根源和胚胎。

1770年,法国新教牧师奥柏林在他工作的布鲁德堡教区创设编织学校。编织学校招收的对象包括3~6岁的学前儿童。学校

有两位指导老师,分别负责文化和游戏的指导和手工技术方面的指导。此外,学校还挑选了一些年龄较大的女孩协助教师的工作。编织学校每周只开放两次,主要是教育而非保育。教学内容包括标准法语、宗教赞美歌、格言和讲童话故事、采集和观察植物、游戏、绘画、地理等。对5～6周岁的儿童还教历史、农村经济的常识以及缝纫、编织的方法。学校重视良好习惯的培养和方言的矫正。在教学方法方面,则重视直观教学和实物教学。1801年,法国女慈善家、教育家帕斯特莱在巴黎创办慈善性质的育儿院;1826年,她领导创办托儿所。在帕斯特莱等人的推动下,法国在19世纪上半期兴起了托儿所运动。

在英国,空想社会主义活动家欧文于1800年开始在他购买的苏格兰新拉纳克棉纺厂着手改善工人的生产、生活条件,为工人子弟创办学校,其中包括招收2～5周岁幼儿的幼儿学校,实行免费入学。1816年,他把这些教育机构合并为"性格形成学院"。欧文幼儿学校的创办,标志着社会学前教育正式建立。具有荷兰血统的怀尔德斯平,其童年深受所就学的贫民学校教师的鞭挞之苦。这段经历促使他关心学前教育。1820年,怀尔德斯平和妻子开办了一所幼儿学校。1825年,"伦敦幼儿学校协会"委托怀尔德斯平开始普及幼儿学校。此后,他不辞辛劳地到英国各地努力普及幼儿学校。怀尔德斯平的幼儿学校主要以贫民和工人的学前儿童为招收对象。在他普及的幼儿学校里,重视学前儿童的安全和健康,强调游戏场在幼儿学校里的重要性。怀尔德斯平十分重视幼儿学校的智育。他认为,智育的目的是致力于贫民和工人子女的"知识改善"。智育内容包括国语、算数、自然、社会、音乐等。这实际上把初等教育的内容下放到了学前阶段。德育是怀尔德斯平幼儿学校的最高目标,主要在于防止贫困学前儿童的品格堕落,培养爱怜人、服从父母、守次序、真诚、勤勉、节制、尊重私有财产等道德德性。德育的基本原则是"爱",主张对学前儿童与其惩罚不如奖赏,注重了解学前儿童的性格与气质。在欧文和怀尔德斯平的推动下,英国在19世纪上半期兴起了幼儿学校运动。

1802 年,德国慈善家、侯爵夫人巴乌利勒创办了保育所,招收 1～5 周岁的劳动家庭的孩子,重心在健康保育方面。19 世纪 20 年代后期,兴起幼儿学校运动,虽然仍然重视保育,但开始关注对学前儿童进行道德等的初步教育。

在俄国,1763 年,别茨考伊创办教养院,收容包括弃子、孤儿在内的 2～7 周岁的学前儿童。

19 世纪末,日本出现贫民托儿所或保育所。1893 年,日本第一个常设托儿所在新泻建立,主要负责托管学前儿童。

2. 幼儿园的建立和发展

同偏重看护的托儿所、保育所、幼儿学校等机构相比,幼儿园的出现是近现代社会学前教育的转折。德国教育家福禄贝尔被誉为"幼儿园之父"。1837 年,福禄贝尔在勃兰根堡创办了一所发展学前儿童活动本能和自发活动的机构,招收工人和手工业者的学前儿童入学,使用自己设计的"恩物"开展游戏教学。1840 年,福禄培尔将该机构命名为"幼儿园"。

福禄培尔的幼儿园建立以后,在 19 世纪下半期各工业国家得到广泛传播,先后在英国、法国、德国、美国、俄国、日本都建立了幼儿园,促进了现代社会学前教育的发展。我国第一所公立幼儿园于 1903 年在武昌建立。

幼儿园于 19 世纪下半期在各国广泛传播,改变了学前教育主要局限于托儿、保育的格局,建立起由幼儿园、托儿所、保育所等多种形式的机构组成的现代学前教育体系。

3. 现代学前教育制度的建立

随着社会学前教育事业的不断发展,各国政府开始管理学前教育,现代学前教育制度初步建立,推动了学前教育的发展。

法国在 1833 年颁布《基佐法案》,要求政府管理托儿所。英国从 19 世纪 40 年代开始补助幼儿学校;1870 年《初等教育》颁布后,为了解决 5 周岁以下学前儿童的照料问题,创办了"保育学校";1918 年颁布的《费舍法案》正式将保育学校纳入英国国民教育体系。德国在 20 世纪 20 年代出台《儿童福利法》等法规,将学前保育和教育机构视为国家福利设施,但鼓励政府、民间团体等多方面共同举办。20 世纪上半期,意大利蒙台梭利学前教育模式、英国的保育学校等传入美国。

(三)当代学前教育的发展

第二次世界大战以后,在社会变革、科技发展的背景下,各国学前教育的发展呈现新的局面,当然各国的发展有不同轨迹。概括而言,当代学前教育的发展具有以下几个特点。

(1)保障儿童权利、促进教育民主是学前教育发展的指导思想。从儿童权利保障来看,1959 年,联合国大会通过《儿童权利宣言》,肯定儿童享有生存、发展、学习和娱乐的权利。1989 年,联合国大会一致通过《儿童权利公约》,将对儿童各种权利的保护变成各国政府的法律承诺。联合国教科文组织 1990 年召开的世界全民教育大会通过《全民教育宣言》,提出的全民教育发展目标之一就是扩大学前教育。进入 20 世纪 60 年代以来,各国采取多种措施,大力发展学前教育。

(2)加大政府干预学前教育的力度。从保障儿童教育权利、促进教育民主化的宗旨出发,第二次世界大战后,各国加大了对学前教育干预、调整的力度,出台相应政策,提供专项经费,支持和促进学前教育的发展。在具体做法上,各国各有特色。例如,美国在 1965 年颁布《经济机会法》,推出"开端计划",帮助处境不利家庭中的 3~5 周岁学龄前儿童接受学前保育和教育;1994 年推出"早期开端计划",将服务对象扩大到 3 周岁以前的学前儿童。英国在 1998 年推出"确保开端"项目,强调在尊重家庭文化背景的基础上,帮助家庭营造良好的家庭教育环境,注重贫困家庭的"教育自救"以实现贫穷的自我预防。

日本文部省从 1964 年开始实行第一次幼儿园教育振兴计划(又称七年计划),促进 5 周岁学前儿童入园。1972 年、1991 年、

2001年分别实行了三次十年计划,都是关于幼儿园、幼儿教育的振兴计划。

在我国,1951年《关于改革学制的决定》颁布后,幼稚园改为幼儿园;随后又颁布了《幼儿园暂行规程(草案)》《幼儿园暂行教学纲要(草案)》。2010年7月颁布《国家中长期教育改革和发展规划纲要(2010—2020年)》、同年11月颁布《国务院关于当前发展学前教育的若干意见》,均明确提出要以政府为主体发展学前教育。

学前教育的现代化水平得到提高。第一,学前教育的普及水平显著提高。2006年,由联合国教科文组织、联合国儿童基金会等国际组织发布的《全民教育全球监控报告》显示,70%的国家将3周岁作为学前儿童接受教育的起始年龄。第二,学前教育制度灵活多样,能够适应社会各方面发展的要求。第三,学前教育教师的专业化水平提高。第四,现代科学技术成果在学前教育中得到广泛应用。

总之,从原始社会的儿童公有公育,到古代社会的家庭学前教育、近现代社会的社会化学前教育,再到当代学前教育的改革与发展,可以看到,学前教育是随着人类社会的发展而发展的,学前教育具有历史性是不言而喻的。

二、学前教育的发展趋势

学前教育的发展主要呈现出以下趋势。

(一)学前教育的国际化趋势

国际沟通和合作的不断加强成为现代学前教育的一个明显特征。在现代社会的发展进程中,虽然各国发展的速度有快有慢,但学前教育中所存在的问题却是共同的,如高度科技化、高度工业化、高度城市化给学前教育所带来的负面影响,环境教育、独生子女等问题,对这些问题所采取的教育策略则又需要国际的合作和共同努力才能得以解决。现代社会的学前教育也只有通过国际的相互沟通、相互借鉴、相互促进，才能共同提高，共同发展。

(二)学前教育注重儿童整体发展

现代社会越来越尊重学前儿童和注意满足学前儿童各种发展的需要，并把学前儿童身心各方面的发展看成一个有机的整体，看成是一个全方位不断发展的"整体人"。这要求现代学前教育将培养"完整儿童"作为主要目标。而所谓"完整儿童"，是指全面发展、和谐平衡的儿童，其发展应是身体的、认知的、情感的、社会的和人格的整合性发展。日本《幼儿园教育纲要》，明确地将人际关系、环境和表现列入幼儿园的教育内容中，以纠正偏重智育的倾向，促使学前儿童在天真、活泼、快乐的气氛中得到良好的发展。美国幼儿教育界也普遍重视通过社会教育促进学前儿童智力、社会交往能力、价值观和自我意识的发展。英国、德国、新西兰、法国、韩国以及中国香港和中国台湾地区的幼儿教育目标也都反映出上述趋势。总的来说，世界学前教育都追求学前儿童全面发展、和谐发展、培养"完整的人"的目标，要求从小培养儿童的自信、主动、关心和参与意识，让儿童在与外部世界积极地相互作用中获得全面的发展。

伴随着学前教育中心向注重儿童整体发展的转移，全人教育实践在不断推广。全人教育认为，对学前儿童的教育应该从儿童身心发展的规律出发，通过适宜的教育内容和方法来促进儿童各方面的发展，包括照顾幼儿的吃、睡、如厕、到校和离校等日常生活。

(三)倡导多元文化教育

当今世界全球化已经成为不可逆转的潮流，并且以越来越快的速度席卷世界的每一个角落，各民族文化的交流与交融更加广泛和深入，但同时文化的碰撞和文化价值的冲突也相伴而生。因为文化的多元性，必然催生出一种新的教育理念——多元文化教育。为适应未来世界各国之间联系和交往日益频繁的趋势，各国普遍重视多元文化教育、全球教育或国际理解教育。教育家们提倡在婴幼儿教育阶段就应开始多元文化教育。为此，一些国家的学前教育机构尽量保证所使用的教具、玩具、音乐、书籍及环境布置等能够反映多元文化的要求。《幼儿园教育指导纲要》中指出："初步接触多元文化，能发现和感受生活中的美，萌发审美情趣。"其中，5～6周岁学前儿童具体教育目标与主要教育内容为："知道一些不同地域、不同种族的人们以及他们的风俗习惯，有多元文化的意识。"多样性与差异性应是当今全世界合理的文化生态结构。任何形式的一元论调都是对全球文化生态的破坏，会导致世界的停滞与倒退。幼儿园课程也应是多元的。因为，在当今社会，异质多元的文化系统不断地相互碰撞和交融互动，任何一个民族社会群体中都并存着归属于不同文化系统的文化特征。因此，学前儿童不可避免地同时受到异质的本土文化和外来文化的影响，这势必对学前儿童的发展产生影响，也势必形成多元化的幼儿园课程。

多元文化教育的实质是立足于本土文化认同的世界文化启蒙教育。这种教育同样强调体验式学习、环境的教育功能。幼儿园不仅应建构多元文化教育网络，而且应在环境创设、一日生活中渗透多元文化教育的理念，培养学前儿童的多元文化意识是幼儿园教育适应时代要求的必然选择。对学前儿童进行多元文化教育，有助于发展学前儿童的外语能力，有助于加深学前儿童对民族文化的认识和情感，有助于培养学前儿童了解他人的能力，有助于提高学前儿童尊重别人的能力，有助于学前儿童身心的健康成长，有助于把学前儿童培养成世界公民。

(四)尝试不分年级的教育

近代，年级制和班级授课制在推动义务教育的普及和发展方面，发挥了重要的作用，但这种制度过于强调整齐划一，忽视儿童的个性差异，因而在19世纪末开始的欧美教育革新运动中就受到批评。近年来，不分年级的教育已成为影响当今各国学前教育改革的一种重要潮流,它是对年级制和班级授课制的调整和超越。混龄教育的主张来自蒙台梭利教育法。蒙台梭利认为,混龄班有利于学前儿童交往和合作。在美国,近年来人们对学前教育中的混合年龄组和小学低年级中的不分年级计划的潜在作用也倍感兴趣,如20世纪90年代肯塔基教育改革法和俄勒冈州的迎接21世纪教育法案,就是这种情况的反映。德国绝大多数的幼儿园不分公立、私立,大多采用混龄班教育模式。

(五)家庭、学校及社区三位一体

社会经济、文化、科技的发展,特别是大众传播媒介的发展和由此带来的人们生活环境、生活方式、家庭结构等的变化对学前教育产生了很大的影响,各国学前教育为适应社会的变化而在开放中求发展,在与家庭、社区的结合中求教育的高质量。

美、英、日等国在家园共育方面走在世界的前列。美国政府大力支持的"先行计划"的实施,进一步推动了家园共育的发展。该计划把家长参与和家长教育作为重要的内容和成功的保证。在美国,学前教育机构与家长密切配合,积极开展各种活动,给家长具体的指导,帮助家长增强教育孩子的意识,提高教育孩子的成效。例如,与家长一起制订计划,开展双亲日活动,向家长发放报告单,召开家长会议,举办家庭教育讲座,向家长开放园所活动,设立家园联系栏等。美国家长教师协会于20世纪90年代制订了《家长/家庭参与项目的国家标准》,21世纪初又在此基础上制定了《家庭与学校合作的国家标准》,将家长参与学校管理列入国家教育目标之一。英国《1980年教育法》指出:"家长代表有权与校长、教师一起制订有关学校发展的主要策略,确定开设的课程及学校的培养目标,并对校长及其他教师的任免有重大影响。"英国的学前教育教师会协助家长和儿童在入园之初有一个良好的开端,共同渡过入园关。在儿童入园之前,英国的学前教育教师会写一封信给家长,指导他们如何有效地将分离之苦减到最低程度。日本文部省把家园共育作为一项新的要求加入到新修订的《幼稚园教育要领》。一些发展中国家也重视家园共育,如印度在贫民区里推行的幼儿教育计划"菩提计划",就把家园共育作为重要的内容之一。

为实现学前教育的目标,许多国家都制定了以社区为依托的学前教育方案。德国已形成两种典型的教育方案:家庭助手方案和家庭互助方案。以色列社区极为重视对不同年龄儿童的家长进行分层指导(分1~3岁和3~6岁这两个层次),以提高指导的效率。意大利瑞吉欧学前教育系统,建设的是一个"教育化社区",被称赞是一个由不同类型和不同专业领域的教师们所组成的非凡群体,同家长、社区成员以及成千上万的儿童一道,经过数十年的努力,建立起一个有效运转的系统。我国也越来越重视幼儿园与家庭、社区的合作,与家庭共育并利用社区资源,广泛动员并组织协调各方面力量发展学前教育事业,发挥整体教育影响,提高教育质量,更好地促进学前儿童的发展。

在社区中开展学前教育的途径也是多种多样的,如美国教师经常注意让学前儿童自己动手操作,尝试、探索自己感兴趣的事物,加深学前儿童对周围世界的认识。澳大利亚教师定期带领学前儿童去农场活动的时候,鼓励学前儿童摸小猪仔,抱小山羊,骑枣红马,喂小公鸡,挤乳牛的奶。英国学前教育教师长期利用节假日,为周围居民举办学前儿童教育班、英语班、法语班、美容班、舞蹈班等。

在许多国家,学前教育师资培养也融入了社区内容。澳大利亚要求教师必须掌握同儿童家庭、社区进行有效合作的技能。芬兰要求教师在制订学年教育计划时要考虑到学前儿童的家庭背景、社区环境。美国要求教师在设计教育活动时,要以社区的价值观为基石,并在居民生活区中设立了社区学院,培训学前教育师资。

上述情况表明,"家、园、社区共育"已成为许多国家学前教育界的共识,成为世界学前教育改革和发展的大趋势。

第三节　学前儿童发展的基本规律与影响因素分析

一、学前儿童发展的基本规律

学前儿童发展的规律是指群体学前儿童在发展过程中的一般现象。虽然学前儿童的身心发展受到来自遗传、环境等多方面因素的影响，存在明显的个体差异，但一般的规律还是存在的。

(一)学前儿童发展的连续性和阶段性

1.学前儿童发展的连续性

从定量的角度研究发展过程，可以发现学前儿童发展呈现一种没有断续和飞跃的连续性，是由不明显的细小的量变到突然的质变的复杂过程。例如，学前儿童的生长发育不仅表现为身高体重的增加，还表现为全身各个器官的逐渐分化，功能的逐渐成熟，如新生儿只能接受少量流质食物，但随着消化器官的发育，结构和机能的加强，逐渐能消化固体食物。

2.学前儿童发展的阶段性

发展过程是连续的，具有波动性，结构上的变化也经历一个过程。这种波动的高峰和结构的变化的时期，同别的时期相比，可以发现相当不同的发展上的特征。根据特征的不同，对发展过程进行划分，就是发展阶段。由于发展阶段划分依据的特征不同，导致发展阶段就会出现种种的类型。阶段与阶段之间不仅是量的差异，也是质的差异。学前儿童每个阶段有其独特的特点，各阶段按顺序衔接着，不能跳跃。前一阶段为后一阶段的发展打下必要的基础，任何一个阶段的发展受到阻碍都会对下一阶段的发育带来不良影响。例如，小儿出生时只会躺卧和啼哭，到1周岁时便会走路和说单词,这是很明显的变化。但在这之前必须经过一系列的变化,如在说单词之前,必须光学会发音。同时,要学会听懂单词;会走路之前必先经过抬头、转头、翻身、直坐、站立等步骤。其中任何一个环节产生障碍,都会影响整个婴儿期的发育,并使儿童前期的发育延迟。图 2-1 展示了学前儿童发育主要领域的关键期,其中一些是非常关键的。例如,即使学前儿童的脑是正常的,如果在两岁之前没有接受视觉刺激,那么,就会永久性失明。即使过了关键期,这些方面在以后的生活中仍然可以学习,但是发展水平可能不会很高。学前儿童在关键期学习各种技能最容易熟练掌握,同时通过在关键期的学习活动也能塑造大脑的结构。婴幼儿大脑发展的研究说明了大脑结构成长与功能性发育是不可分的。即使在大脑发育这个层面,由极其复杂的神经网络所构成的神经系统在个体发育过程中也不断地得到塑造,这种塑造主要是通过经验的选择性削减来实现的。作为有意义的环境中的感知者和行动者,儿童自身的经验调节着大脑的结构与功能的关系。

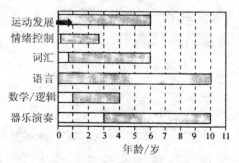

图 2-1 学前儿童发育主要领域的关键期①

关键期是自然赋予学前儿童的生命助力,如果关键期的内在需求受到妨碍而无法发展时,就会丧失学习的最佳时机,日后若想再学习此项事物,不仅要付出更大的精力和时间,而且成果也会受到影响。

---

① 魏建培.学前教育学[M].2 版.北京:科学出版社,2012:53.

(二)学前儿童发展的稳定性和可变性

学前儿童发展的稳定性和可变性是由学前儿童所处的环境和教育决定的。一般来说,在一定社会和教育条件下,学前儿童发展具有一定的稳定性,即阶段的顺序,每一阶段的变化过程和速度等,大都是稳定的、共同的。但每个学前儿童发展的具体情况又有其本身的个体差异。这就是所谓的可变性。每一个儿童都有自己独特的发展方式和速率。随着各种条件的不同,学前儿童发展的年龄特征在一定范畴或程度上,可能会发生某些变化,即某些特征可能提前或推后,但这些变化是有限制的。

(三)学前儿童发展的不均衡性

1.学前儿童发展速度的不均衡

学前儿童发展的速度不是直线上升的,而是呈波浪式的。有时快,有时慢。以身高、体重为例,由胎儿发育到成熟时期,有两次突增阶段,第一次突增阶段是从胎儿期到1周岁,第二次突增阶段是青春期。在第一次突增阶段中,胎儿的身长在孕中期增加最快,三个月约增加 27.5 cm,占整个胎儿时期身长增长的 1/2 多,是一生中身长增长最快的阶段;胎儿的体重在孕末期增加最快,三个月约增加 2 300 g,占整个胎儿时期体重增加的 2/3 多,是一生中体重增加最快的阶段。

2.学前儿童发展内容的不均衡

学前儿童有些方面发展得快些,有些方面慢些。以学前儿童各系统器官的发育为例,神经系统优先发育,胚胎时期,第一个形成的就是神经系统,胎儿早期头部占整个身长的 1/2,此后神经系统一直迅速发育,出生时脑重占成人的 25%,6 周岁时达成人脑重的 80%。淋巴系统在早期高速发育。淋巴系统在第一个 10 年中发育非常迅速,12 周岁左右的儿童淋巴系统已达成人时期的

200％,青春期达高峰,随后,逐渐退缩,到老年时更加衰退。生殖系统迟发育。出生时,新生儿已具有生殖系统的基本器官和结构,学前儿童生殖系统几乎没有发育,到青春期才迅速发育,持续时间较长(图 2-2)。在同一系统中各个器官的发育也不平衡,有先后之分,例如在神经系统中大脑优先发育,其次为脑干,小脑发育较晚。

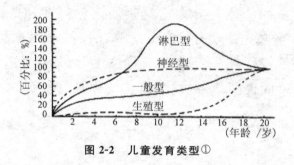

图 2-2　儿童发育类型①

(四)学前儿童发展存在个体差异

学前儿童的发展有一般的规律,但由于每个学前儿童的先天遗传和后天环境并不完全相同,因而无论是身体的形态还是机体的功能或是心理特点都存在着明显的个体差异:每个学前儿童的身心发展水平和速度不相同,不同的学前儿童的身心素质结构和关系不一样,每个学前儿童的情感、意志和个性也相异。没有两个学前儿童的发展水平和发展过程完全一样,即使在一对同卵双生子之间也存在微小的差别。

(五)学前儿童生理和心理发展互相联系、互相影响

学前儿童的生理、心理发展是统一的,互相联系、互相影响的。例如,体格上有缺陷或残疾的学前儿童可以引起心理不正常,常会表现出自信心差、自卑、悲观、退缩、人际交往或行为障碍。同时,心理状态也影响生理功能,如情绪好时,食欲特别旺盛,消化吸收率高,促进学前儿童的生长发育;相反,情绪差的时

---

① 麦少美,高秀欣.学前卫生学[M].2 版.上海:复旦大学出版社,2009:52.

候会影响食欲,从而造成营养不良或生长发育迟缓。此外,不良心理状态还会诱发支气管哮喘、消化道感染等身心疾病。研究表明,一些社会心理因素影响学前儿童身体发育。如一些家庭破裂的学前儿童,常遭受虐待和歧视,造成心理创伤,明显会影响身体发育,表现为身体矮小,骨龄落后。

二、学前儿童发展的影响因素分析

从胎儿期开始,学前儿童的发展就受到各种因素的影响。从心理学的观点来看,影响个体发展的因素是错综复杂的,一般将其分为先天与后天因素。先天因素主要包括成熟与遗传,后天因素主要指个体所处的环境与教育。

(一)遗传

遗传是指父母的生物特性传递给后代的现象。常言道:"种瓜得瓜,种豆得豆",指的就是生物的普遍现象——遗传。

遗传素质决定了学前儿童的体态、生理结构和机能的主要特征。学前儿童具有人所特有的生理结构,才可能具备人所特有的各种活动能力和受教育的可能性。在遗传基因的作用下,人作为生命个体在母胎内孕育成胎儿,胎儿娩出时就具有了遗传素质,如机体的构造、形态、感官和神经系统的特点等。这些遗传特征是人的身心发展必不可少的物质前提:没有这些物质前提,人的身心发展根本无从谈起。

正常的学前儿童都具有人类的遗传素质,不同的个体在高级神经活动类型、感受器官的结构和机能上的遗传素质存在差异。遗传素质的成熟水平制约着个体身心的发展水平,遗传素质的个别差异在一定程度上制约着个体的身心发展差异。由于这种差异,有的学前儿童安静,有的活泼好动。

值得注意的是,遗传不能最终决定个体发展的方向、内容和水平。因为个体身心的最终发展方向、内容和水平,是在遗传的基础上,由后天的环境和教育作用的结果。

(二)环境

学前儿童所处的环境包括社会环境和经过人改造的自然环境。自然环境提供儿童生存所需要的物质条件,如空气、阳光、水分、养料等。社会环境指社会生活条件,如社会的生产发展水平、社会制度、家庭状况、社会气氛、受教育状况等。这些环境因素因为不是专门为人的发展服务而组织起来的,它们对学前儿童的影响带有随机的、偶然的、零碎的正负交错的性质。但是,这是社会环境中的大"气候",从宏观上决定着人的身心发展的水平和内容。环境使遗传所提供的心理发展的可能性变为现实。

(三)教育

教育(指学校教育)是专门为人的身心发展而有意组织起来的特殊环境,它对人的身心发展起主导作用。施教育者可以笼统地分为家庭、学校、社会和自我。随着社会的发展,人在不同的发展阶段,家庭教育、学校教育、社会教育、自我教育对其发展产生作用的程度与地位也在逐步发生变化(图 2-3)。

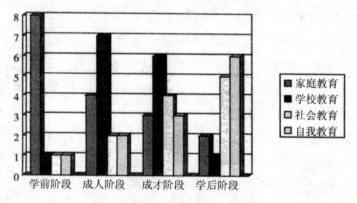

图 2-3 不同阶段不同教育形式权重示意[①]

一般而言,人一出生主要受到家庭教育的"潜化"和影响;到了入学年龄,学校"模化"教育便逐渐转为主导;随着人生存活动

① 赵南.儿童支点教育要义[M].北京:光明日报出版社,2014:79.

空间的扩大和体质、认知的发展,社会教育的影响程度不断增强,而最终会转变为以自我教育为主体。其中,学校教育对人的一生发挥着重要的作用,产生着不容忽视的重要的影响。学校教育可以对环境加以取舍,发挥和利用环境中的有利因素,减少或消除不利因素,使学前儿童形成社会需要的品质和才能。

人主要是通过表达、运动、生活、学习、劳动、娱乐等社会实践活动来获得自身的生存与发展,但在人的发展过程中,或多或少都会主动或被动地接受来自外界的干预和影响,学前儿童尤其如此。其中,游戏是人们在娱乐活动中最常采用的活动形式,特别是学前儿童的娱乐。人们通过游戏的手段可以实现影响娱乐效果的目的。图 2-4 就是实现表达、运动、生活、学习、劳动、娱乐等社会实践活动的主要媒介与手段,包括社交、保健、照顾、教育、工作、游戏等。

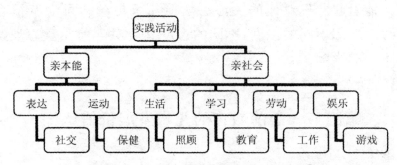

图 2-4 社会实践活动的实施媒介与手段①

托儿所、幼儿园向学前儿童进行有目的、系统的教育,并取得家庭的密切配合,积极地影响着学前儿童,在学前儿童的个性发展中起着特殊、重要的作用。对学前儿童来说,教育与环境是不可分的。学前儿童在家庭和周围环境中耳闻目睹,与人们交往、与周围事物互相作用,就是在学习、受教育,不过带有不同程度的自发性。学前儿童的认知能力、知识和技能、品德和习惯、个性都是通过教育和环境获得的。因此,好的教育可以促进学前儿童发展,相反,不好的教育会对学前儿童发展产生各种负面作用,例如

---

① 赵南.儿童支点教育要义[M].北京:光明日报出版社,2014:82.

幼儿园的"小学化"教育和"超前教育"等,会对学前儿童的长远发展产生不利影响。

(四)学前儿童的主观能动性

主观能动性是学前儿童发展的必要条件。在发展过程中,学前儿童不是消极被动地接受外部环境的影响,而是在主动地发展,在与环境、教育相互作用中发展。学前儿童是独立的生命实体,有自己的兴趣、需要,有自己的认知结构和心理状态,他们总是主动地对外界刺激加以选择,接受自己所需要的东西,拒绝不需要的东西,具有创造力。客观环境在影响学前儿童发展的同时,学前儿童的发展又影响和改变着客观环境,如学前儿童在游戏中总是通过自己的动作改变玩具的状态;学前儿童自身的气质特征和行为方式也在影响着周围成人的心理和态度,如爱笑的婴儿更可能引起父母对他的关注。学前儿童自身的行为特征会引起父母对他们不同的态度,不同的态度又会对学前儿童心理发展产生不同的影响。

第四节 学前教育的儿童发展价值认知

学前教育对于儿童发展的价值体现在生理发展、认知发展、情感和社会性发展几个方面。

一、学前教育对于儿童生理发展的价值

生理的发展与成熟也需要适当的教育。通过提供丰富合理的营养和适当的刺激,教育可以并且能够促进生理发展与成熟。同样,学前儿童生理的发展受遗传和胎内环境的影响,但也离不开教育和文化的参与和影响。学前教育中通过给儿童提供营养丰富的餐点、玩具设施、创设体育游戏活动和拼图、玩沙、绘画等小肌肉活动,锻炼儿童机体,提高运动技能,促进儿童身体的生长

发育。同时,学前教育对于儿童神经系统的发育、发展也发挥着重要作用。研究还表明,适宜的环境刺激对大脑组织的发展必不可少,也就是说,脑的结构和机能在学前期的发展并非处于一种纯粹的自然状态,而是在很大程度上受到环境和教育的影响和制约,表现为大脑在学前期有着巨大的可塑性。

此外,学前教育对特殊儿童具有早期诊断与矫治作用,这种作用主要体现在学前教育对特殊儿童(超常或缺陷儿童)发展偏差的早期发现、诊断,以及提供适宜的教育措施,使其能够更好地在社会环境中生存与发展。对于特殊儿童来说,他们在生理方面存在着某些优势或缺陷,使其身心发展超前或落后于正常儿童。学前教育的作用就在于为特殊儿童提供多种丰富的刺激,对超常儿童所存在的潜能给予最大限度的开发,对缺陷儿童所存在的缺陷和异常施加有针对性的矫治与补偿,从而促进其身心最大限度地发展。学前教育的干预越早、越及时,特殊儿童的潜能开发和缺陷补偿与矫治的可能性就越大,成效也会越显著。

二、学前教育对于儿童认知发展的价值

学前期是人的认知和个体心理多方面发展最为迅速、最重要的时期,在人的认识能力的发展中具有十分重要的奠基性作用。研究发现,2~3岁是个体口头语言发展的关键期;4~6岁是儿童对图像的视觉辨认、形状知觉形成的最佳期;5~5岁半是掌握数概念的最佳年龄;5~6岁是儿童掌握词汇能力发展最快的时期。同时,学前期还是人的好奇心、求知欲、想象力、创造性等重要的非智力品质形成的关键时期。但关键期的存在只说明学前儿童发展具有很大的"可能性",而"可能性"向"现实性"的转换需要良好的环境,尤其是教育的影响。

美国著名的学前教育方案"开端计划"和"帕里学前教育方案"的研究均表明,早期良好的学前教育能使接受学前教育计划的儿童比未接受的儿童"在认知、语言和思维操作等各方面能力发展得更好",并且"对这些儿童的认知、学习发展产生一直持续

到其成年期的长期的、积极的影响"。

以游戏为例,学前儿童是在游戏活动中认识世界、丰富经验和掌握知识技能的,游戏对学前儿童的认知发展具有非常重要的作用。它可以帮助学前儿童理解世界,并获得一定的知识经验。例如,在"搭房子"游戏中,学前儿童通过亲手操作,认识到了各种材料的性质和特点,获得了基本的物理经验,如想要房子盖得稳,就要把小块材料放在大块材料的上面。游戏也使学前儿童获得了方位概念和空间概念,这些感性经验是他们掌握常识、理解周围世界的前提。可以说,游戏促进学前儿童的感知学习、记忆学习、想象学习、思维学习。

早期的学习和劳动直接或间接地促进了学前儿童认知的发展与学习。学前儿童的学习主要运用游戏、看图、观察周围事物等生动具体的形式进行,学习与游戏活动之间往往没有严格的界限。尤其是年龄较小的学前儿童,学习活动更需要通过游戏方式来进行。当然,学前儿童的学习活动不同于学龄期儿童的正规学习,只是正规学习的一种准备。这种准备不仅仅包括对知识的学习,还包括良好学习态度、学习习惯和学习能力的养成,更包括认知的发展与学习。同样,学前儿童的劳动并不在于创造物质财富,而是要通过劳动进一步训练他们的动作,指导他们获得一定的技能技巧,培养他们的劳动习惯和爱劳动的品质,并期待通过这种早期劳动,帮助他们良好地实现认知发展与学习目标。

三、学前教育对于儿童情感和社会性发展的价值

学前期是个体社会化的起始阶段和关键时期,在后天环境与教育的影响下,在与周围人相互作用的过程中,婴幼儿逐渐形成和发展着最初也是最基本的对人、事、物的情感、态度,奠定了行为、性格、人格的基础。研究和事实均表明,6岁前是人的行为习惯、情感态度、性格雏形等基本形成的时期,是学前儿童养成礼貌、友爱、帮助、分享、谦让、合作、责任感、慷慨大方、活泼开朗等良好社会性行为和人格品质的重要时期;并且,这一时期学前儿

童的发展状况具有持续性影响,其影响并决定着学前儿童日后社会性、人格的发展方向、性质和水平。因此,学前儿童的教育要及早进行。现代心理学的研究成果也已经表明,对学前儿童及早实行教育是可行的,也是可能的。现在有许多地方推广"0岁教育工程"实际上就是要在儿童发展的关键期进行教育,许多优秀人才成长的经历也表明,及早对儿童实施教育是可以取得巨大成功的。

由上述可知,家长和教师在对学前儿童进行教育的过程中,一定要认真观察和研究,以客观的态度,细心观察孩子的内在需求、个别特质和外在表现,以确定学前儿童关键期出现和持续的具体情况,因人而异地制订促进儿童发展和教育的具体计划。家长和教师要尊重孩子发展的主动性,同时尽力为孩子准备一个满足他成长需求的环境。另外,应采用科学的教育方法,鼓励孩子自由探索、勇敢尝试。而真实的、活的知识是儿童认识世界的过程与结果。知识应属于学前儿童的自身。通过不断体验得来的知识,学前儿童逐渐形成智慧,学前儿童才成长其为人。体验是学前儿童重要的原始创造特质。教育和教学活动必须建立在学前儿童的认知发展水平和已有的知识经验基础之上。学前儿童是主动的探索者和发现者,而不是被动的接受者和没有思维的容器。当孩子获得了尊重与信赖后,就会在环境中自由探索、尝试。作为家长和教师,一定要积极运用探究式学习的方式方法,并结合学前儿童的生活经验,鼓励学前儿童主动地去观察、探索,在探索的过程中认识事物发展的特点,发现事物发展的规律,让学前儿童在探究中体验学习的快乐,以获得更快的发展。

第三章 学前教育环境的人性化创设

人与环境有着密切联系。人是社会环境的产物,环境是人类生存条件的综合。在学前教育领域,环境具有更突出的价值,因为学前儿童主要是在环境中活动、学习与发展,是与环境相互作用而发展的。幼儿园的物(园舍、空间、设施、活动材料的安排布置)、人及人的行为(园长、教师、保育员以及一切与学前儿童接触的人员的态度、行为;一日生活的安排和常规要求;学前儿童与幼儿园工作人员、与同伴之间的交往等)构成了幼儿园的环境。而富有人性化特征的幼儿园环境是与教育相适应的良好的育儿环境。人性化特征的幼儿园环境应以幼儿为本,一切从幼儿的需要出发。2001 年教育部颁布的依据《基础教育课程改革纲要(试行)》及《幼儿园工作规程》制定的《幼儿园教育指导纲要(试行)》明确地把"为幼儿提供健康、丰富的生活和活动环境,满足他们多方面发展的需要……"作为课程改革的重要内容之一,指出"环境是重要的教育资源,应通过环境的创设和利用,有效地促进幼儿的发展"。据此可知,学前教育环境的创设和利用,必须以符合学前儿童身心发展的水平和特征为原则,满足他们多方面发展的需要,促进他们身心健康、和谐的发展,这也就是具有人性化特征的学前教育环境的定位。本章就学前教育环境的人性化创设展开探讨。

第一节 学前教育环境认知

一、学前教育环境的概念

环境是指个体生活于其中并影响人发展的一切外部条件。环境可分为大环境和小环境。大环境指发展个体所处的总体的自然环境和社会环境。小环境是指与个体直接发生联系的自然环境与社会环境。所谓教育环境是指以教育为中心,对教育的产生、存在和发展起着制约和调控作用的多维空间和多元环境系统。

学前教育环境是以学前儿童为中心,影响学前儿童身心发展的一切外部条件的总和。由于环境存在于一定的时空关系中,因此从时空结构的角度可将学前教育环境具体分为几个部分:家庭教育环境、机构教育环境(以幼儿园教育环境为主)和社区教育环境。而从环境的性质层面可以将学前教育环境分为物质环境、心理环境和制度环境。无论家庭的、机构的还是社区的教育环境,都包含物质、心理和制度三个层面。

我国学前教育的主要实施机构是幼儿园。所以,本书后文所提到的学前教育机构环境主要是指幼儿园环境。幼儿园环境有广义和狭义之分。广义的幼儿园环境,是指幼儿园保育和教育赖以进行的一切条件的总和。它既包括人的因素,又包括物的因素;既包括幼儿园内的小环境,又包括与幼儿园保育和教育相关的园外的家庭、社会、自然的大环境。换句话说,学前儿童身心发展所必须具备的一切物理环境和心理社会环境的总和就构成广义的幼儿园环境。狭义的幼儿园环境是指幼儿园内部环境,包括幼儿园的物质环境和精神环境。

二、学前教育环境创设的理论依据

学前教育环境创设主要依据以下几个理论。

(一)行为情境理论关于行为与环境的观点

行为情境理论的提出者是美国生态心理学家巴克。他经过多年的研究,认为若要理解一个人的行为,就需要观察和理解他所处的环境。具体来说,巴克的行为情境理论的主要观点包括以下两大点。

第一,在相同的情境中,不同个体所必需的行为模式具有相似性。也就是说,物质环境的规划与设计方式会暗示人们表现出当下合适的行为,在每一个行为情境中,都有一些属于这个情境的行为模式;在不同的环境中,所出现的行为也会有所不同。因此,应该在幼儿园中规划各种能够促进不同显著行为的情境,如各个兴趣区,并帮助学前儿童建立在各个区域中的显著行为模式,以促进学前儿童多方面的发展。

第二,行为情境之间具有相互依赖性。每一种行为情境,无论是复杂的还是简单的,均存在于一个更大的环境中,且相互依存、交互影响。因此,幼儿教师在规划活动区时,就要考虑不同区之间的相互关系,按照"同质互惠、异质相离"的原则作空间配。学前儿童学习环境必须作精心规划,以引发学前儿童合适的行为。

(二)生态系统理论关于环境创设的观点

人类生态学家布朗芬布伦纳提出的生态系统理论认为,环境和个体发展之间有着紧密的联系,这种联系构成了整个生态组织系统。具体来说影响个体发展的生态系统可分为四个相互关联的小系统:微观系统、中间系统、外层系统和宏观系统。其中,微观系统指与个体关系最近的环境及其互动关系。在幼儿园中,学前儿童的微观系统就是同班伙伴、老师的互动情境。中间系统指与个体间接相关的系统,如与学前儿童有关的家庭、幼儿园、邻居等这些系统之间的联结关系。外层系统指不包括个体在内,但仍然影响个体,如父母的社交网络(包括朋友与亲属的)等。而宏观系统指的是社会文化体系,如价值、法令和习俗。

孩子受到一系列的环境所影响,尤其是位于微观系统中的老师、学前儿童之间的互动以及中间系统中的家园联系,对学前儿童的影响更大,同样孩子也会影响环境中的人、事、物。环境是动态的且是不断变化的,因此,学前儿童的生活环境必须根据环境的变化而加以优化,注重灵活性的环境创设。

(三)内在个别差异论对环境创设的要求

内在个别差异论由美国学前教育家 D. E. 戴提出。所谓"内在个别差异性",指正常的人格由一系列的行为模式组成,每一个行为模式只有在特殊环境中才会显现。一个人的行为会因为时空而变化,如在某一特定环境中表现出"内向"特质的学前儿童,到了另一环境中可能表现出来的就是"外向"特质。

学前儿童之所以在不同的环境中呈现不一样的行为特性,一方面源于学前儿童对于所处外在环境的感知,另一方面也源于学前儿童具有"内在个别差异性"。幼儿园环境的创设要体现孩子天赋的"内在个别差异性",设置不同性质的活动区,以反映学前儿童不同的互动方式与学习方式。

三、学前教育机构环境创设的评价标准

学前教育机构的环境到底达到什么程度才算合格的或者优良的,在这方面,在世界范围内影响较广的《幼儿学习环境评价量表》,为我们提供了一些评价的标准和依据。这份量表由美国北卡罗来纳大学的哈姆斯教授等研制,于 1980 年正式公布使用。随着社会的变迁,作者重新修订了该量表,并于 1998 年出版了修订本(简称 ECERS—R)。2006 年中国台湾的郭李宗文和陈淑芳二位学者翻译出版了该书的中文版。其中,"环境"的定义延伸得

比较广,实际上包括了影响学前教育机构教育质量的各个方面,共分为 7 大类 43 小项。7 大类是:空间和设施(含 8 个小项);个人日常照顾(含 6 个小项);语言—推理(含 4 个小项);活动(含 10 个小项);互动(含 5 个小项);作息结构(含 4 个小项);家长与教师(含 6 个小项)。每一小项分别以 1(不适当)、3(最低要求)、5(良好)、7(优良)来描述等级。这适用于幼儿园教师自行改善教学环境、正式评价及研究评估园所教学环境品质等。其中,"空间和设施"包含了与学前教育机构的物质环境创设标准有关的内容,共分 8 个小项,即室内空间,日常照顾、游戏和学习设施,休息和安抚设施,角落规划,隐秘空间,学前儿童相关展示,大肌肉游戏空间,大肌肉活动设备。

表 3-1 为幼儿园环境评价量表。

表 3-1　幼儿园环境评价量表①

幼儿园:　　　　　日期:　　　　　评价人:

评分项目	一	内容	好	较好	一般	较差	得分	备注
户外环境	幼儿园大致情况	(1)幼儿园独立设置在安全区域内,房舍安全坚固,建筑设计符合学前儿童年龄特点;幼儿园外墙有固定底色,墙面无剥落情况,整体环境色彩鲜艳、和谐、富有美感;幼儿园附近无噪声、无污染,离公路较远						
		(2)幼儿园有园徽、办园宗旨(目标)、宣传栏,能体现办园特色和文化内涵,具有教育性和艺术性						
	绿化	根据园舍情况进行绿化、美化:种植花草树木 10 种以上,立体种植,错落有致;草本与木本结合,三季有花,四季常青						

① 徐旭荣.学前教育学[M].北京:人民邮电出版社,2015:103-105.

评分项目	一	内容	好	较好	一般	较差	得分	备注
户外环境	室外活动场地与设备	(1)有充足的学前儿童活动场地、地面平整，人均面积不少于4m²，有30m跑道						
		(2)室外大型活动器械3件以上；提倡利用各种废旧物品和乡土材料（自然、无毒、无害材料），根据学前儿童年龄特点，为学前儿童制作钻、爬、攀登、平衡、翻滚等大、中、小型活动器械；种类丰富、数量充足，能满足学前儿童使用；所有的活动器械保持安全、卫生、整洁，每天有专人检查，并有记录						
		(3)有休闲区，包括长廊、树荫、花棚等，放置由自然装饰而成的桌子、凳子等						
室内环境	门窗走廊布置	(1)楼内每层根据学前儿童年龄特点设一个主题，新颖、美观，利用老师和学前儿童作品来布置，多用蓝绿色；是否有吊饰；走廊的布置是否集教育性、装饰性为一体，作品生动有趣，丰富多彩；是否因地制宜体现幼儿园文化特色与本土特点						
		(2)每班门口设家园联系栏；内容丰富，向家长宣传的材料不少于3种，每月更换一次；教育目标、内容具有可读性，体现新教育观；家园联系、亲子内容体现互动性						
		(3)上下楼梯处有提示标志，有师幼作品展示，楼梯转角等地方有必要的安全保护措施，防止学前儿童意外受伤						
	室内墙面	能结合季节、课程要求，内容丰富，可变性强；大环境色彩鲜艳、和谐、富有美感；布置新颖、美观、有特色						

评分项目		内容	好	较好	一般	较差	得分	备注
室内环境	活动区布置	(1)活动室、午睡室安全、卫生,空气流通,光线充足,地面、门窗整洁无灰尘;有紫外线消毒灯、消毒柜;各类玩具、用品按时消毒,方法明确,且有记录;区内没有锐利、有毒、易破碎、易造成学前儿童身体伤害的物品;防暑降温设施齐全						
		(2)利用活动室空间设置不少于3种活动区域,活动区丰富,符合班级特征和教育要求;根据学前儿童年龄特点,投放丰富的供学前儿童操作不少于10种自然材料、半成品材料,材料丰富且适宜;提倡废物利用,学前儿童可根据自身的能力和意愿,自主地选择游戏内容						
		(3)有适合学前儿童年龄特点的桌、椅、床等设备;开放式玩具橱、图书架、书包架,3种以上适合学前儿童的玩具;适合学前儿童阅读的不同种类的图书人均5册以上,种类多,并实时更新						
		(4)有手风琴或钢琴、电视机等教学设备,每班有自制玩教具不少于10种,有教师、学前儿童的手工作品						
		(5)活动区创设动静分割,充分考虑便利性与学前儿童需求,且能体现可变性、开放性,方便学前儿童取放材料;有活动区的标志;充分利用环境条件设置活动区;各区域的氛围好,发挥隐性的环境育人的价值						
		(6)玩具投放区:玩具材料丰富多样、孩子取放方便、安全卫生、操作性强、使用率高;种类不少于5种(计算、美工、智力、语言、交往、自然、音乐等均可);废物巧妙利用,可观性、可用性强,有一定数量的自制玩具;玩具材料适合本年龄学前儿童;所提供材料能供学前儿童主动、自由地探索、满足不同水平学前儿童发展,材料的投放体现层次性						

续表

评分项目	一	内容	好	较好	一般	较差	得分	备注
室内环境	其他室内布置	(1)盥洗室地面防滑,水龙头高度适合学前儿童,一人一巾一杯(且有标志),并便于学前儿童取放;有"节约用水"等提示;厕所清洁,随时冲刷,无气味,深度、高度适合学前儿童,有学前儿童自由取放手纸的设施						
		(2)厨房、更衣室、储藏室等卫生整洁,各种炊事用具齐全,生熟分开,标志明确,有防鼠板和防蝇设施;炊事人员工作衣帽整洁美观,每学期有检查记录,有健康证;就餐配有餐桌,教师为学前儿童配餐时应佩带围裙、卫生帽						
		(3)保健室常用药品、设备齐全;保健员工作衣帽整洁美观,指导班级日常保健性工作、预防工作、学前儿童膳食营养工作有效果记录						
		(4)多功能活动室装饰美观、功能多样化,使用率高,且有记录						
		(5)园长室、会议室、教师办公室等各类配套用房整洁卫生,各种制度要上墙,各种档案齐全						
		(6)学前儿童作品栏:设有学前儿童作品收集袋,高度适合学前儿童视线,布置新颖、美观,学前儿童作品及时更换(至少一月一次)						

评分等级:

较差——1分:没有做到测评的标准。

一般——2分:做到了测评的标准,但不是特别好,还存在个别问题。

较好——3分:在这一方面做得不错,但是还需要改进。

好——4分:符合测评的标准,并且创设的环境富有实用性和价值。

第二节　幼儿园物理环境创设

幼儿园的物理环境包括幼儿园如何进行空间布置和材料运用的方方面面。国内外的许多研究表明，整洁、幽雅的环境，恰当的空间组织方式会使学前儿童情绪安定、亲社会行为增多，并有助于学前儿童积极地认知和探索；而肮脏、无序的环境，则会使学前儿童浮躁、违规行为和攻击行为增多。户外的环境对学前儿童社会性发展的重要性也要给予充分重视。一般来说，学前儿童在活动中的自我评价能力都是在户外获得的，各种各样的运动和游戏能够帮助孩子更好地认识自己的身体机能，促进孩子对成功的体验和独立性的发展。

一、幼儿园物理环境的类型

学前儿童活动的空间不同、不同空间的作用不同，相应地，环境创设的要求和利用也不同。对幼儿园物质环境可做如下分类。

第一，从学前儿童活动的范围来看，可分为园区环境（户外环境）、活动室环境、区角环境（如阅读区环境、手工区环境、表演区环境、建构区环境等）。

第二，从教育学前儿童所利用的三维空间来看，可分为地面环境、墙面环境、空中环境等。

第三，从幼儿园环境的性质来看，可分为自然环境、人工环境。自然环境指包括气候条件、地理条件及与动植物相联系的生态系统在内的生存空间。人工环境指人为加工形成的生活环境，包括幼儿园的房屋建筑、活动场地、绿化、设施设备等。

二、幼儿园物理环境的规划与设计

这里主要从室内外环境两个角度来阐述，即室内环境的规划与设计、户外环境的规划与设计。另外，幼儿园活动材料也是幼儿园物理环境的重要组成部分。

(一)室内环境的规划与设计

幼儿园活动室内物质环境的设计与布置主要包括以下几方面。

1.活动室内的生态环境的创设要求

活动室是学前儿童日常进行各种室内活动的场所,也是学前儿童一日活动中时间待得最长的地方。其生态环境一定要满足学前儿童游戏、活动及对学前儿童教学等多种活动的需要。

(1)活动室的位置

活动室的位置要有良好的朝向、充足的自然光线及良好的通风等卫生条件;利用活动室的走向及窗户的大小合理控制光线,避免产生炫光、阴影和直射光;窗户的高度以学前儿童的视线高度为宜,窗户玻璃应该是无色的,不应该在窗户上贴上有色纸,以免影响室内光线。

(2)活动室的颜色应用

一般来说,学前儿童更喜欢明亮一点的颜色,如红、黄、蓝三原色。但颜色的应用也应该考虑到活动室的大小、年龄班等多方面的因素。此外,也应该考虑到不同的颜色带给人的不同心理反应。例如,粉红、黄、橘等明度高或者暖色系的颜色,会放松人的心情或积极从事动态活动,因此往往不宜在休息、安静的区域里运用;而灰色、青色等寒色系、低明度的环境,人较会安静或从事思考性活动。教师布置环境时,可以在不同区域使用不同的主色调标示主题,有助于学前儿童理解不同的空间及活动。

2.活动室的空间布局

幼儿园班级活动室的基本设备应包括桌椅、玩具与玩具柜、琴、录音机、电视机等,这些设备的摆放应考虑空间布局问题。

空间布局的宗旨,应方便老师和学前儿童之间、学前儿童之间的互动;方便灵活多样地开展各种模式的教学活动;方便学前儿童对材料和设备的使用,从而促进学前儿童的人际活动和各方面能力的发展。

总结现有的创设经验,活动室创设应坚持以下原则:第一,目的指向原则。一切以促进学前儿童的探索和发展为创设目的及出发点。第二,动态原则。活动区的种类和材料的投放以及墙饰等,都应该围绕一定的主题目标进行,并且要根据主题及其具体内容及时补充和更换,不能一劳永逸、一成不变。第三,层次性原则。活动的材料和内容应该有一定的层次性,以适应不同能力学前儿童的需要。第四,安全原则。所有的材料和设备都必须安全,无毒、无污染、无容易刺伤的尖角。第五,潜能弹性原则。教室的空间设计不能过于特定化,而应该体现多功能性的特点。第六,适宜原则。避免完全的成人化,适宜和满足学前儿童充分地参与环境创设、享受环境创设及在环境创设中学习的权利和需要。

3. 活动室内不同活动区的创设要求

(1)活动室在一定时间内创设活动区的个数

幼儿园活动室里,可以创设的区域有很多,如角色区、表演区、语言区、科学区、美工区、操作区、建构区等。当然,同时创设这些区域是不可能的。这一方面取决于活动室的面积大小,另一方面也取决于教师所能够承受的任务及一定时间内进行的主题活动。一般来说,在决定创设几个活动区时需要考虑到下列因素:第一,保证至少有 1/3 以上的空间不堆放任何设备和器材,而留给学前儿童自由活动。第二,保证每个活动区里能够容纳3~4人为宜。第三,活动区最好是靠墙或者墙角创设。综合以上三点,活动室可同时设立 4~5 个活动区。至于创设什么活动区,一般来说,语言区、美工区、科学区是必不可少的,其他的可以创设角色区、建构区、表演区等。

(2)活动区的空间分隔与设备安排

各活动区的空间安排应该符合下列标准:通道应该畅通而且

无障碍物;不兼容的活动区不安排在相邻的位置;不同的活动区之间应该有明确的分隔物;材料的存放量虽然没有固定的数值,但应该有利于学前儿童的选择和使用;活动区既要保持一定的开放性,又应保持一定的封闭性,让孩子不受打扰、不受窥视地活动;至少应该有 $1/3\sim1/2$ 的空间被空出来,不能堆放任何设备和器材。

4.活动室的墙面环境创设

幼儿园活动室的墙面环境创设既包括静态方面,也包括动态方面;既包括活动室墙面的内容、形式、色彩、材料、高度、安全等影响学前儿童发展的静态要素的规划,也包括学前儿童的参与、操作等影响学前儿童发展的动态要素的考量。

(1)活动室墙面环境创设的内容和要求

第一,从学前儿童兴趣和经验出发,考虑学前儿童的年龄特征,体现季节特征,并与活动主题相结合。实践证明,学前儿童对于和自身相关的墙面环境异常好感。第二,增加传统文化的内容,如对联、山水画、书法、民间工艺等。第三,适当地把学前儿童的作品及中外民间美术作品等作为幼儿园墙饰的内容。第四,整个墙饰内容虽然可以多变,但必须有一个整体性,以便于学前儿童的观察。

(2)幼儿园活动室墙面环境创设的展现形式

墙面展示是一种过程而非结果,相对于静态的墙面,动态的墙面形式往往更吸引学前儿童。因此,墙面展示的内容可以是连环故事的形式,也可以和游戏结合起来。墙面环境的展示应该有利于学前儿童对环境的操作,应该鼓励学前儿童对墙面进行摸、听、看、闻,甚至是尝。墙面布局不能太满太杂,视线太高,以免给学前儿童的视觉带来不良影响。

(3)幼儿园活动室墙面环境创设的组织形式

墙面的服务对象是学前儿童,因此应该组织所有的学前儿童积极参与环境的创设。应从主题的讨论、材料的准备、画面的布局、墙面的制作、墙面的讨论等多方面来组织学前儿童积极参与。

（4）幼儿园活动室墙面环境创设的颜色、高度

墙面布置要注意形象、色彩、形式、空间等造型要素之间的和谐，给人以美感。墙面色彩要注意整体协调，一般应以柔和的色调为主。墙面布置不宜过满，应留出空白，以免使人产生拥挤、杂乱的感觉。

（二）户外环境的规划与设计

户外环境是幼儿园物质环境的重要组成部分。在户外，学前儿童可接触到新鲜的空气和奇妙的大自然，可以在宽敞的场地上尽情玩耍，同时也可同小伙伴们加深交往，身心得到释放。因此，应创设美观大方、符合学前儿童心理和发展特点的户外环境，为学前儿童提供丰富的、适宜的物质材料，为其发展与活动提供足够的支持，让户外环境真正满足学前儿童的需要、兴趣，真正促进学前儿童的发展。《幼儿园工作规程》明确规定：在非寄宿制幼儿园，学前儿童每日的户外活动时间不得少于 2 小时，寄宿制幼儿园的学前儿童，每日户外活动时间不得少于 3 小时。因此，设置足够的户外活动场地是非常必要的。活动室外的环境，主要包括自然生态环境、活动场地、大型玩具及其他体育器材、园艺区、种植区、养殖区等。

1. 自然生态环境的规划设计要求

在选择建立幼儿园的自然生态环境时应考虑以下要求：第一，规模在 4 个班以上的幼儿园应该有独立的建筑基地；规模在 3 个班以下时，可设于某建筑物的一楼，但必须有独立的出入口及相应的室外游戏场地和安全防护设施。第二，远离各种污染源，并满足有关卫生、防疫的要求。第三，方便家长接送，避免交通干扰。比如，与邻近幼儿园的距离以 2 km 为宜。第四，要保证有足够的日照及良好的通风条件。另外，幼儿园还不能处于低洼处，以免暴雨时排水不畅而带来的各种不利及卫生问题。第五，宜靠

近居住区的绿化地带,并且利用园内空地充分绿化,绿化区里严禁种植有毒的、带刺的植物等。

2.户外活动场地及其设施的规划设计要求

(1)户外活动场地的类型

按学前儿童游戏的内容分,户外活动场地可分为静态的游戏活动场地和动态的游戏活动场地。前者适用于如角色游戏、音乐游戏及表演游戏等对场地面积要求不大的活动;后者适用于如器械活动(如秋千、滑梯、戏水池)、体操及体育游戏(如赛跑、球类、滚圈)等大运动量的活动,这类活动所占据的场地比较大,对周围环境影响也较大。按使用者来分,户外活动场地可分为班级专用场地及公共活动场地。

(2)全方位户外活动场地的规划设计

所谓全方位户外活动场地,是指以大型组合游戏结构为主体,兼容其他游戏区域及各种可移动性的活动材料,不仅能满足学前儿童各领域的发展需求,而且能够满足学前儿童个别差异的需要的具有复合功能的游戏场地。它具有"类别多样""数量丰富"及"质、量可变性"的特征,给学前儿童提供了充分的自如移动的活动材料、自主选择的机会。全方位户外活动场地应该包括以下区域。

大型组合游戏结构区。将传统的各自独立的活动设施加以组合、以木头或塑料制造的大型立体连接式活动设施组成的区域,给学前儿童提供不同挑战程度的、多样的大肢体活动的机会,如攀爬、吊环、滑梯等。设施的连接处可以搭建不同大小的平台、小空间等,以作为学前儿童互动、扮演的场所;平台或者小空间里可设置反光镜、钟表、立体拼图等,以帮助学前儿童进行认知。

自然种植区。种植区是学前儿童亲自播种、耕耘、观察植物生长过程的地方,是幼儿园重要的教育用地。一般来说,种植区的创设应符合以下三项要求:第一,每班都应该拥有一块小园地,每位学前儿童都有参与种植、照顾所种植的"庄稼"和收获全过程的机会。第二,所种植的物种生长的速度要快、成熟的周期要短而不能太长,而且应该贴近学前儿童的生活,如种植黄瓜、西红柿、辣椒、空心菜等。还可适当种植一些各季生长的花草树木,让种植园常年拥有美丽的风景。第三,积极引导学前儿童观察、发现、记录植物的生长情况,并开展一定的种植实验。

草坪嬉戏区。草坪能够让学前儿童充分地进行大肢体运动,如爬、翻滚、溜、跑、跳等。而且相对于大型组合游戏设施,草坪更让学前儿童有一种"处在自然的感觉"。草坪游戏区若能够配合一些地势起伏,如小山丘、小洼地等,则更增加游戏的变化性、刺激性与挑战性。

水池、沙坑。沙土、戏水都是学前儿童非常喜欢的活动,他们可以在沙地上开展各种创造性游戏,从而培养他们丰富的想象力和创造才能。戏水和游泳还能锻炼学前儿童健康的体魄、增添学前儿童的活力。因此,美国《幼儿学习环境评价量表》,将幼儿园户内户外是否有沙、水游戏的材料、设备和玩具作为评价托幼机构环境的一项指标。一般来说,沙坑应该建在向阳背风处,其深度为 $0.3\sim0.5$ m,边缘应高出地面以防止沙流失和泥水流入。戏水池的水深不应超过 0.3 m。它们的面积可参照表 3-2、表 3-3 所列标准。

表 3-2 托幼机构沙坑面积标准[①]

班级规模(人数)	沙坑占地面积/m²
3(90)	5~10
6(180)	10~13
9(270)	20~40
12(360)	30~60

---

① 付瑶.幼儿园建筑设计[M].北京:中国建筑工业出版社,2007:57.

表3-3 托幼机构戏水池面积标准①

班级规模(人数)	戏水池占地面积/m²
6(180)	50
9(270)	80
12(360)	100

动态材料建构区或"建筑工地"。多元、动态的材料可以激发学前儿童广泛多样的游戏活动,因此可以创设一个动态材料建构区,其中放置一些木板、木条、轮胎、大型积木、绳索、铲子、海绵块、松果、小管、多孔混凝土石头等,同时安排几个桌子以便于操作。

隐秘、游戏小屋或"隐蔽处"。学前儿童同样有躲藏自己的需要,因此隐秘小屋也很有必要,也可以是一些为捉迷藏而设立的树篱和矮树丛。

文化一角。围成圆圈的桌椅及专门的空间,基本上是一个半圆形的结构,目的用于讲故事、角色游戏和戏曲表演等活动。这样的区域有助于打破班级的分界,促进不同性别、不同年龄及不同班级、不同能力的学前儿童在一起互动。

(三)幼儿园活动材料的投放

学前儿童的活动和发展离不开活动材料。其既包括投放在园区环境内的材料(大型活动设施、轮胎阵、攀爬架等),也包括投放在户内活动区中的材料。鉴于园区材料的投放相对固定,而且基本上是园方的行为,下面主要说的是幼儿园教室活动区内的材料投放。教师根据学前儿童发展和教育的需要,有目的、有意识地投放一定数量、种类、结构的材料。因此活动区材料的投放主要涉及四方面的考虑:投放材料的数量、投放材料的性质、投放材料的形式、投放材料之间的搭配。

---

① 付瑶.幼儿园建筑设计[M].北京:中国建筑工业出版社,2007:59.

1.投放材料的数量

从已有的诸多研究结果来看,活动区材料投放多少才适当,并没有固定的数值。太少会降低学前儿童知识经验的活动率,太多又会造成干扰以及学前儿童不知所措,致使不能物尽其用。合适的量只能根据学前儿童的年龄和能力而具体确定。

2.投放材料的性质

活动室内应投放哪些材料,这需要根据材料的性质和学前儿童的需要来选择。第一,学前儿童喜欢色彩鲜艳、特征鲜明、变化多端的材料,如圆柱体、镶嵌板。第二,几乎所有年龄的儿童都喜欢低结构性材料(如黏土),这些低结构性材料往往也就是原始材料。第三,不同的活动材料对学前儿童的注意力影响很不同。那些低结构性材料及可移动的材料,因为没有固定的使用方法能够建构其他的物体,而且能够按照学前儿童个人的意图和活动的需要灵活变通,儿童的注意力和使用时间最长,也最能促进学前儿童之间的交流和合作。第四,不同性质的材料对学前儿童的社会交往有明显不同的作用。那些社会性活动材料如游戏卡、棋类等,更能够促进学前儿童之间的社会交往。

3.投放材料的形式

材料的投放形式可以从两个方面来分析:第一,依据学前儿童获取材料的受限制程度,可分为限制性投放与非限制性投放。限制性投放,指由教师控制材料,并限制学前儿童对材料的获取;非限制性投放,指学前儿童可以根据自己的需要,自由获取材料。两种形式没有完全的优劣之分,实践中,二者可以结合起来。

第二,依据投放时的目的性程度,可分为有序性投放和无序性投放,前者材料的提供有一定的目的性、系列性并进行经常的增加或取消。而无序性投放指随意地、无明确目的地提供材料。一般来说,考虑到学前儿童的年龄、发展水平、区域的特点以及投放的时间等,应坚持有序投放。

4.投放材料之间的搭配

投放材料的搭配指把不同用途或者类型的材料放在一起提供给学前儿童,允许学前儿童综合操作。比如,把角色游戏材料投放到阅读区,或阅读材料投放到角色游戏区等。总体来说,搭配投放比单一投放更有利于维持学前儿童注意力、培养象征性游戏能力和社会交往能力。

幼儿园室内外环境是教育作用的前提,是让学前儿童在这种既熟悉又有挑战性,既能促进身体发展又能培养好奇心,具有创造性的室内外环境中,成为积极热情的参与者。户内外环境的利用要注意以下几点。第一,充分利用环境,把环境作为课程设计和实施的要素。第二,加强学前儿童与环境的互动。第三,利用环境,"记录"学前儿童的成长。"记录"不仅仅是静态地展示幼儿的作品,如一幅画,而更多的是这个展现具体活动的全过程,包括绘画活动所发生的背景、学前儿童在此背景下的行为和想法等。

第三节　幼儿园精神环境创设

精神环境是幼儿园环境中更为重要的一个方面。创设精神环境主要是创造良好的人际环境,创设人际环境的中心是建立融洽、和谐、健康的人际关系。它具体包括教师与学前儿童之间的关系,学前儿童同伴间的关系以及教师与教师之间的关系,教师与家长之间的关系等。幼儿园的精神环境虽然是无形的,但却直接影响着学前儿童的情感、交往行为和个性发展。就精神环境对学前儿童心理发展的影响来说,幼儿园最重要的精神环境要素是师幼关系,其次是学前儿童之间的同伴关系。从促进学前儿童身心全面和谐发展来讲,学前教育机构中营造精神环境也主要从下列两方面着手。

一、建立良好的师幼关系

(一)教师应该关心学前儿童、热爱学前儿童、包容学前儿童

学前儿童有被爱的需要,教育的要素是爱,是对学前儿童发自内心的爱。因此教师要以纯爱的感情对待工作、对待学前儿童,以亲切的态度关怀每一个学前儿童,多关注每一个学前儿童。教师要做到两个层面的关注,不仅要注意到每一个学前儿童的发展状况,同时也要及时地给每个学前儿童提供必要的帮助。关注学前儿童,还要注意以下几点:第一,多关注"过程",不仅仅关注"结果";第二,多关注所有学前儿童,不仅仅关注少数学前儿童;第三,多关注生活活动,不仅仅关注教学活动。

教师不要随意贴标签和对孩子做谴责性的描述,用积极词汇代替消极词汇,如"精力充沛"而不是"多动症","有主见"而不是"固执","热情"而非"暴躁"等;不以服从和符合集体需要牺牲学前儿童的积极性、自主性和创造性。

教师要善于理解学前儿童的各种情绪情感的需要,不对学前儿童有偏见,公平对待每位学前儿童,教师要不吝惜自己的赞美、不吝惜自己的笑容、不吝惜自己的抚慰,让学前儿童感觉到老师是喜欢自己的、信任自己的,这样学前儿童就会有安全感、被接受感,学前儿童就会感到快乐、幸福,就会充分表现自己,好奇心、求知欲就会被激发,大胆、活泼的性格就会慢慢地培养起来。

在教育实践中,如果教师过于严厉地批评犯错误的学前儿童甚至对经常犯错误的学前儿童动辄训斥,其结果或者是学前儿童害怕教师并与教师疏远,或者是学前儿童产生逆反心理、进而与教师对立。教师首先应认识到,学前儿童是成长中的个体,其身心发展尚不成熟,因此,犯错误是正常的、在所难免的。以这种理解、宽容的心态对待学前儿童的错误,教师就能心平气和地帮助学前儿童分析错误的原因,学前儿童也就能更心悦诚服地接受教师的批评。但是,理解与宽容并不意味着放任或放纵。教师在理

解学前儿童的基础上还应对学前儿童进行有计划的、及时适宜的指导和帮助,使学前儿童能在改进错误的过程中不断成长。

(二)教师应该尊重学前儿童

(1)尊重学前儿童作为社会成员的人格尊严。明确学前儿童首先是人,然后才是教育的对象。教师要认识到学前儿童是独立的不断发展变化的个体,而不是成人的附属品;学前儿童不仅有生理需求,还有心理需求,希望被尊重、被爱,获得在社会生活中的地位和别人的认可。教师要摆平自己与学前儿童的位置,以平等的身份对待学前儿童,从简单地与学前儿童互相打招呼问好、得到学前儿童帮助时道谢、干扰学前儿童时说对不起等日常行为做起。教师要多与学前儿童像朋友一样交谈,倾听学前儿童的心声。教师要相信、信任学前儿童,培养学前儿童的自信心。相信和信任也是对人的一种尊重。学前儿童发展迅速,有巨大的潜能,可塑性大。作为教师,要对学前儿童寄予希望,多说"你能行""你会做好这件事的",而不能说"你真笨,什么也做不好"。教师要避免一些不尊重学前儿童人格的言行。大声呵斥、用力拉拽、用手指点戳、讥笑学前儿童等,这些言行会严重伤害学前儿童的自尊心,使学前儿童产生自卑、压抑或对抗心理,不利于学前儿童健康个性的形成。

(2)尊重学前儿童的年龄特点。学前儿童具有完整的人格,但由于年龄所限,他们与成人有质的区别。首先,重视游戏在学前儿童发展中的作用。其次,允许学前儿童犯错,对待学前儿童不正确的行为要分析原因,讲明道理。最后,遵循学前儿童发展的阶段性规律,对学前儿童提出的要求不要过低或过高。

(3)尊重学前儿童的权利。包括尊重学前儿童的生存和发展权、意见发表权和活动过程的参与权等。

(4)尊重学前儿童的个别差异,促进学前儿童在已有水平上不断提高。众所周知,每个人都是独特的,人与人之间存在个体差异,如智力类型上的、学习类型上的、气质上的、兴趣上的以及能力、速度上的差异等,因此教师要尽可能地尊重学前儿童的这些差异,因人施教,对不同的学前儿童提出不同的要求,多进行纵向比较、评价,只要学前儿童在原有基础上有提高就要及时给予肯定和鼓励,使学前儿童产生自信心并不断进步。

(三)支持学前儿童自由充分地探索

现代师幼观认为,师幼关系是"我与你"的人际关系,集中体现为"对话关系"。而"对话"不仅仅指二者之间的语言的谈话,而且指双方的"敞开"和"接纳",其目的不是获得某种已知的确定知识,而是发现新的事物、新的想法,指向未知的领域,寻求新的意义。学前儿童纯真美好,但又缺少经验。他们以童稚的眼光善良地审视这一切,发现了一个与成人世界完全不同的世界。这是一个纯洁善良、充满爱意、洋溢着温暖的世界。教师要走进这个世界,就要像孩子一般,永远拥有一颗童心,要能倾听孩子的心声,分享孩子的内心世界,保护学前儿童的好奇心和创造性,以学前儿童的思维方式看待一切,把自己作为他们中的一员,了解、接受学前儿童的世界,享受和孩子在一起的时间,一起探索,一起分享。

学前儿童很容易吸收成人的言行、表情。如果一个人是善良的,他自然会散发善良的气质,如果他是坏脾气的,这也一样会显现在他的气质中。所以,教育的重点不在于对学前儿童说了什么或教了什么,而在于如何预备恰当的环境,如何在学前儿童面前表现出高尚的情操。根据研究,学前教育机构是否营造了良好的精神环境,可借鉴表3-4所列维度来判断。

表 3-4 学前教育机构良好精神环境评价指标①

序号	评价指标
1	是否积极关注和热爱每一个学前儿童,经常通过微笑、抚摸、拥抱、谈话等多种方式与学前儿童交往,使学前儿童每天有与老师一对一交往的机会
2	是否经常表扬、奖励和欣赏学前儿童独特而正确的言行
3	是否能理解学前儿童的"失败",鼓励他们不怕挫折,勇敢尝试
4	是否能接纳、承认和肯定学前儿童一定程度的偏颇言行
5	是否少用批评、体罚、人格羞辱等消极手段以及是否少用"不"字同学前儿童讲话
6	是否给学前儿童足够的信任,放手让他们自己决定和执行一些事情
7	是否给学前儿童足够的自由活动时间与空间以及提供丰富的可以自由选择的活动
8	是否充分尊重学前儿童的个性、性别和其他差异,平等对待不同文化层次和社会地位家庭的学前儿童,为他们提供平等的机会
9	能否使学前儿童处于舒适、轻松和快乐的状态,并能使学前儿童自由自在、活泼开朗地积极参与各种活动
10	是否形成学前儿童自由、民主、平等和相互尊重、相互欣赏的意识和氛围

二、帮助学前儿童建立良好的同伴关系

同伴交往是指同伴之间通过接触产生相互影响的过程,同伴关系对学前儿童的成长和一生的成功都有着至关重要的意义。它有益于学前儿童个体社会化,有助于学前儿童良好态度、个性等的形成,有助于学前儿童各种能力的发展。学前儿童之间的平等互助关系更能够营造一种宽松的环境和气氛,从而促进他们积极地进行新的尝试和探索;学前儿童因为动作或观点的不同而引起的冲突和争论,或者经由对他人行为及其强化性结果的观察,

---

① 袁爱玲.学前创造教育课程及其理论建构[D].重庆:西南师范大学,2001:118.

使他们获得新的反应,或使现存的行为反应特点得到矫正,从而促进他们认知结构的改变。

同伴关系对学前儿童的发展具有独特价值,教师应该予以足够的正视与重视,有意识地为学前儿童提供同伴交往的机会,并进行有效指导,改善学前儿童的同伴关系。具体而言,可从以下几点入手。

(1)仔细观察。指导的前提是深入细致的观察,只有了解每一个学前儿童的社交地位,具体的交往过程,以及整个群体的交往特点,做到心中有数,才能进行有针对性的指导。

(2)及时指导。帮助学前儿童在交往的过程中感受交往的愉悦,并从中学会关心、分享、合作以及公平竞争。对于学前儿童在交往中出现的困难和矛盾,教师要及时进行干预。

(3)鼓励学前儿童之间的相互协商和探索。学前儿童的探索行为总是伴随着协商行为的。实践中,教师可以给学前儿童示范基本的协商策略,如:"东东今天来得真早,帮老师一起打扫卫生,好吗""我这样画长颈鹿,你觉得可以吗""我认为……你能……"并充分地提供给学前儿童协商、合作、探索的机会。在学前儿童遇到困难时,应该鼓励他们通过多种途径努力解决问题。教师可以选择或者设计具有一定开放性的学习任务,促进学前儿童之间分工、讨论、合作、争辩、探索。

(4)提供学前儿童之间相互帮助的机会。这样做的好处是,对教师而言,不必事无巨细都亲身而为,大大节省时间、减轻了工作负担;对实施帮助的学前儿童来说,他对其他学前儿童的帮助提升了自己的自信心;对被帮助的学前儿童来说,他在同伴的帮助下学会了某项技能,密切了他们之间的关系。

(5)促进学前儿童掌握交往的技能及交往的规则。畅通交往的一个核心要素就是交往双方共同遵守互惠互利、公平的规则。例如,各自拿出自己的玩具彼此交换着玩,角色扮演游戏中小朋友轮流充当领导者,等等。虽然说孩子在相互的学习、游戏中会达成或学习这些规则,但很多时候,都需要成人的引导和帮助。

（6）积极评价。学前儿童往往以同伴作为参照标准或榜样进行自我评价、自我约束。而学前儿童的榜样往往来自教师的评价，他们对教师肯定的同伴的行为很快就会去模仿，以寻求教师的表扬。所以教师要注重表扬学前儿童的良好行为，这有利于促进学前儿童社交技能的提高和良好同伴关系的发展。

现实生活中，还有那些消极被动、依赖性强的学前儿童，以及被拒斥、被忽视的学前儿童，教师更应给予极大的关注，加强对他们社会交往技能的培养。如用行动、目光、表情暗示学前儿童"你能行""你很棒"；面对学前儿童的冲突，尽量不去充当"裁决者"，而是和学前儿童一起去寻找矛盾冲突的原因，引导他们通过商量、协调的方法，解决冲突。

第四节　蒙台梭利学前教育机构环境创设

蒙台梭利于 1907 年在罗马贫民区设"儿童之家"，强调儿童的发展是有机体与"有准备的环境"相互作用的结果，教师的职责在于为学前儿童提供有准备的环境。蒙台梭利认为，如果让学前儿童生活在一个有利于他们自然发展的环境中，使他们能按自己的需要、发展的节奏和速度来行动，他们就会显现出惊人的特性和智慧。她提出，应根据学前儿童 6 岁以前的敏感期与吸收性心智，创设一个以学前儿童为本位的"有准备的环境"。因此，蒙台梭利教育机构——"儿童之家"非常重视环境的创设。蒙台梭利在"儿童之家"创设的"有准备的环境"包括物质环境和人文环境。物质环境包括园地、校舍、运动场、各种各样的设施及学前儿童的工作材料，其中，学前儿童的工作材料是蒙台梭利学前教育机构必备的物质环境。人文环境包括幼儿园中众多的学前儿童和教师，以及学前儿童的家长和亲属，其中，教师和家长是人文环境中不可欠缺的组成部分。

蒙台梭利"有准备的环境"要达到如下要求。

一、它必须像个家

"它必须像个家",这是蒙台梭利对"儿童之家"环境的一个最基本的要求。"儿童之家"并没有一定的规格,可以根据经济情况与客观条件来设计,不过它必须像个家。也就是说,不能光是一两间同样大小的教室,必须有几个房间,有庭院,院子里有遮风避雨的设备——孩子可以在户外活动,还有可供学前儿童种植与饲养的空间;"儿童之家"中的主要房间是智力活动的"工作室",但还会有一些其他的房间,如餐厅、会客室、健身房、休息室、较小的浴室等让学前儿童活动和生活的空间。它附近还有绿树成荫的花园,学前儿童可以在树下游戏、工作和休息。此外,饭厅和更衣室都按学前儿童的特点和需要布置。在这样的环境中,学前儿童是主人,他们按照自己的兴趣活动。每天的活动时间从上午9点到下午4点包括谈话、清洁、运动、吃饭、午睡、手工、唱歌、照料动植物,以及各种感官和知识的训练、学习等。学前儿童的学习、工作可由自己安排掌握,不受规定时间的限制。"儿童之家"室内的色调优美典雅,空间布置温馨舒适,处处体现着"家"一样的氛围。

"像家一样"还体现为"儿童之家"的环境是真实的、自然的。环境中所有的用品、用具以及学前儿童在其中的活动都是真实自然的,像在家庭中一样的。学前儿童要真的像在家中一样去做清扫整理、照料动植物等工作,为学前儿童提供的炊具、刀具等生活用品也都是真实的、适合学前儿童使用的。还有一点就是学前儿童在环境中是自由的,像在自己的家里一样,他们可以自由地出入各个房间,自由地选择要做的"工作",这会使学前儿童感到安全和温暖。

当然,像大城市寸土寸金的地方,生活居住空间狭小,不是每个父母都拥有如此庭院式的房子。所以只要能给学前儿童一个温暖的家庭气氛,为学前儿童安排一间"工作室",陈设些经过慎选的益智玩具以及学前儿童的"工作"成果即可,并且要常常带学前儿童到野外去踏青,以补没有院子的不足。

二、以学前儿童为中心

蒙台梭利认为每个生命都有自身的发展规律,学前儿童生活学习的环境要充分尊重他们的节奏与步调,要以学前儿童为中心来进行设计与布置。蒙台梭利教育环境中一切设施设备的主要特色就是一切以学前儿童为中心。不但教具要适合学前儿童智力发展的阶段,所有的硬件设备也都以学前儿童的需要为标准,如室内的桌、椅、橱、柜、操作台、洗手盆、便盆等,包括教具、清扫工具的尺寸也都是根据学前儿童的身高来定制的(图 3-1),因为在"儿童之家",一切事务都由学前儿童自己动手。

图 3-1 蒙台梭利教育机构中的洗手盆

三、从衣食住行做起

衣:是否已为学前儿童安排了一个高度适中的衣柜,让学前儿童可以轻易地打开,将自己的衣物放入、挂好。

食:吃饭的桌、椅、匙、抹布、手布等,都应适合学前儿童的尺寸,设想:从学前儿童一上饭桌,到吃完饭后下桌的中间会经过哪些手续,而哪些是过程中所需用的物品,以及它们的大小、轻重等,都必须是适合学前儿童能够使用的。

住:假如家中有六七个月大的婴儿,是否能为他安排一大片可供他爬的空间(或客厅改造、卧房改造),至于到婴儿会走以后,客厅、卧室都应特别设计,随孩子的成长而准备、改变。

行:除了为学前儿童安排了各类适用的小鞋外,是否在门外安排了一个空间,让他可把自己的鞋子放整齐。

四、布置要安全,有秩序

所有的硬体安排,必须要注意到安全性。例如,给学前儿童用的椅子,应避免用夹层的,因为学前儿童还无法控制重量,一不小心就容易被夹伤,最好是固定型的。陈设的架子是否稳固,门是否钉牢等,都是必须细想周虑的重点。

秩序对学前儿童的意义重大,学前儿童会在有秩序的环境中,容易经由“自己的观察”,找出自身之外物与物以及自己和它们之间的关系,借以促进其心智的吸收。同时,学前儿童的有秩序、爱整洁的习性,也都是经由美好的环境而培养的。如果环境、生活没有秩序的话,学前儿童会因此感到混乱,失去安全感和方向感。“有秩序”,并不只是说每样东西都有条不紊,而是更进一步地指陈设的顺序,都经过大人考量过小孩的接受程度、需要,使用以及归还上的便利而言。

蒙台梭利认为秩序必须是有准备的环境中的一部分,因为秩序是生命的第一需要,会影响一个人终身的习惯和品质。在蒙台梭利教室中,区域规划、装饰布置都讲究视觉上的秩序感,所有设施、物品都井然有序地放在固定的位置,学前儿童自己的物品也都有固定的地方摆放。这种秩序感还体现为,供学前儿童学习使用的材料都按照难易程度排列成一定的结构,并且能适应学前儿童发展的顺序(图 3-2,图 3-3)。

图 3-2 蒙台梭利教育机构中的秩序感(一)

图 3-3 蒙台梭利教育机构中的秩序感(二)

五、要有美感

要想吸引学前儿童的注意力和养成他爱好整洁的习性,设备布置的美观与否也是重点之一。应该要朴实亮丽,而不是"昂贵的,就是最好的",太过奢华耀目或复杂灵巧对学前儿童并没有好处,只会分散他们的注意力。蒙台梭利认为美对学前儿童是非常具有吸引力的,学前儿童最初的活动是因美而引起的,所以"儿童之家"的环境在装饰、布置等方面都非常讲究,要体现美感(图 3-4)。墙上的名画、色彩柔和的窗帘、原木质地的家具橱柜、柔软舒适的地毯、摆放整齐的精致精美的教具、充满生机的绿色植物等无不展现出美的感觉与气氛。

图 3-4　蒙台梭利教育机构中的美感

六、避免过多的刺激

给学前儿童的材料应当是质地真实并且代表现实世界的实体,避免给学前儿童提供质量差的材料和代表幻想的材料。"儿童之家"的环境简洁有序。没有过多的材料或装饰,因为他们认为太多的东西反而使学前儿童的精神散乱迷惑,不知该如何去选择材料和开展活动,以至于不能将精神集中在要做的事情上。因此,为避免学前儿童精神的疲惫与散漫,蒙台梭利教育强调环境中的教具、材料及活动并不是越多越好,必须要有所限制,以避免对学前儿童造成过多的刺激。

此外,允许学前儿童独立地活动、自然地表现,使儿童能意识到自己的力量。比如,学前儿童可以根据自己的意愿对教室环境进行布置。丰富学前儿童的生活印象,为训练学前儿童的感官设计了大量的各种感觉的材料。教师要观察学前儿童的发展状况并给予不同的指导,帮助学前儿童选用不同难度的教具。

第五节　瑞吉欧学前教育机构环境创设

独特的环境创设和利用是瑞吉欧学前教育的特色之一。瑞吉欧教育系统中的方案教学、绘画表达、家园沟通等无不以创设环境为基础,而这种环境又体现了现代新的教育理念。在瑞吉欧教育系统中,课程的生成与实施、学前儿童的学习发展与表现表达、幼儿园与家庭以及社区间的互动沟通等,无不以环境为基础。瑞吉欧教育工作者认为,环境是学前儿童之间、学前儿童与成人之间以及学前儿童与物之间互动的关键性因素,是一个可以支持社会互动、探索与学习的"容器"。瑞吉欧教育系统的环境创设折射出瑞吉欧教育工作者的教育理念与教育智慧。

瑞吉欧学前教育机构的环境创设要达到如下要求。

一、以学前儿童为核心,强调环境的教育功能

瑞吉欧教育是一种尊重学前儿童、以学前儿童为核心的教育模式,它的环境创设首先强调环境的教育功能。他们认为环境的创设要符合学前儿童身心发展,要为了学前儿童的发展而创设,要让学前儿童真正成为环境的主人。幼儿园从建筑结构、环境设计、装饰布置到设施与材料的投放都是以学前儿童为核心,从学

前儿童的发展特点、成长需要和教学需求出发的。各个空间中吸引学前儿童探索操作的设施、设备、物品、材料都经过精心的挑选,所有材料的放置也都是用心设计过的。

瑞吉欧教育工作者将环境形象地比喻为"第三位教师",认为环境具有和教师一样的作用,可以促进学前儿童知识、情感、技能的养成和发展。他们认为,环境不是被动的,而是学前儿童和教师积极作用下的有意义的情境;环境不是一成不变的,而是根据学前儿童和成人的需要改变的;环境具有教学功能,能够组织、提升学前儿童之间的愉悦关系,激发学前儿童的学习。瑞吉欧的每一处环境设置,都是其教育的重要组成部分(图 3-5)。

图 3-5　瑞吉欧教育机构中的环境

二、更加开放,更加关注环境的互动性

在瑞吉欧所倡导的建构性学习中,学前儿童的认知、情感和社会化的发展始终来自和环境的相互作用中,学前儿童与环境相处的方式直接影响教育的质量。因此,从课程设计的总体观念到具体方案的实施,环境一直是瑞吉欧教育者所考虑的因素。他们思考着生活在某所学校及社区环境中的学前儿童究竟对周围的哪些环境产生了兴趣,是否可以从中产生一个新的方案;他们还

思考着在方案的进行中需要哪些新的环境的设置,利于方案的不断延伸。与其他教育环境相比,瑞吉欧教育环境具有更大的开放性,也给予学前儿童更多的自由。同时,瑞吉欧幼儿园特别关注环境与学前儿童的关系,在环境设计中更关注激发人与人之间以及人与物之间的交流和互动。

(1)在瑞吉欧幼儿园的环境中有更多开放的空间。每个瑞吉欧幼儿园里都有一个广场,用透明的玻璃墙连接室内外,每个教室的门都面向广场,形成一个开放的空间。广场中设置了各种游戏、活动的设施与材料,各个年龄段的学前儿童可以在其中自由地交流互动。在瑞吉欧幼儿园的每个教室和艺术工作坊也都有类似的空间。

(2)在瑞吉欧幼儿园的环境创设中非常重视家庭和社区的参与。幼儿园环境对家长、社区的开放,家长及社区人员对环境的参与,以及整个城市环境对幼儿园的敞开与接纳,都成为瑞吉欧教育环境的鲜明特点。

(3)瑞吉欧幼儿园还特别强调室内外空间的开放性与互动性。幼儿园房间都有高大宽敞的玻璃窗,透明的玻璃墙可以使学前儿童的视野得到极大的延伸(图 3-6)。室内外有着极其通透的过渡,学前儿童随时可以将自己的工作搬到户外。

图 3-6　瑞吉欧幼儿园的房间

(4)瑞吉欧环境中的开放性还体现在其环境中材料的结构化程度上。在瑞吉欧幼儿园几乎看不到现成的玩具。他们的玩具多是从大自然中搜集来的树叶、树枝、粮食、种子,各种形状的石头、木片以及各种废旧物品,这些低结构的、开放的材料也成为瑞吉欧教育环境中重要的特点之一(图 3-7)。

图 3-7　瑞吉欧幼儿园中的玩具

三、空间环境与材料是丰富的、动态变化的

瑞吉欧幼儿园的环境是极其丰富的。室内有多种大小不同的区域,有团体活动的空间,也有不同规模的小组活动以及相对封闭的学前儿童自由活动乃至个人的私密空间。在瑞吉欧的每个角落都有教师精心设计的环境和用心投放的材料。学校还有专门的图书资料供学前儿童查阅。在艺术工作室里,既有照相机、录音机、录像机、复印机、电脑等先进设备,也有教师和学前儿童一起搜集来的各类材料。此外,瑞吉欧幼儿园还非常注重对环境的评估和更新。每过一段时间,他们就会对现有的环境设置进行评估,并在评估的基础上对环境做出相应的改变和调整。

四、环境与课程相互创生

瑞吉欧教育非常重视环境的生成性,这也是瑞吉欧教育环境备受推崇的特点之一。灵活多变的课程和环境相互创生,形成了瑞吉欧教育鲜明独特的课程和环境特色。在瑞吉欧,课程多由环境生成。瑞吉欧的课程主题并不是凭空而来的,它来自学前儿童与环境的互动。环境不仅为学前儿童之间、学前儿童与成人、学前儿童与环境之间架起了交流互动的桥梁,更能够激发学前儿童的探索、认知与学习,生成新的课程内容。在瑞吉欧的学前教育机构,大到学校的地理位置,小到教室内每一个小物件的摆放,都充分地为学前儿童的各种互动经验提供便利条件,确保环境成为互动的保障而不是障碍。他们具体的做法是:使学校位于城市的中心,让这里成为文化交流的中心,便于学前儿童进行各种信息交流;教室内分隔成大小不同的空间,便于学前儿童在人数不同的小组中进行合作学习,使他们的沟通、竞争与合作更容易一些,同时也便于教师进行倾听和记录;工作坊的各种工具、材料和设备摆放在学前儿童伸手可及的地方;通向所有教室的广场是不同年龄学前儿童碰面交流的地方,是他们逗留游戏的地方,也是各种想法和点子诞生的地方等。

与此同时,环境也会由课程而创生,即环境为生成课程提供内容来源,环境成为课程设计与实施不可或缺的要素。瑞吉欧的方案活动往往发生在某些特定的环境之中,需要某种特定环境的支撑。例如,在"人群"方案活动中,学前儿童与老师共同创设了一个拥挤的环境,把教室变成一个城市的广场,学前儿童组成人群,每个学前儿童扮演一种身份,在人群中穿梭行动。为了支持和推进正在实施的课程方案,瑞吉欧教育工作者会根据课程需要创生出新的环境。

五、环境要具有展示、评价、记录的方式

瑞吉欧教育的环境还有一个突出的特点,那就是它的展示、评价与记录功能。它像一面镜子一样记录着学前儿童及教师的成长和点滴进步。

瑞吉欧幼儿园非常重视幼儿园门口的展示区,他们会在幼儿园入口处展示学前儿童、家长以及教职工参与各种活动的照片。有的学校还会展示一些关于学校事务的图片。他们通过这种展

示让家长以及外来参观者清楚地了解到幼儿园的情况。每间教室门口都有向家长介绍项目活动主题的区域,以便于家长合作与参与。瑞吉欧的教育工作者把校门口设计成"会说话"的长廊,用每一个精心的布置向来校的访客、每日接送孩子的家长传达着学校的概况,一目了然,形象生动。

幼儿园的环境中,到处都有学前儿童各种形式的作品展示,如泥塑、绘画、小制作以及各种活动方案的文字图片记录、录像记录等。这些都是学前儿童的一种自我表达,是学前儿童的"一百种语言"的展现,也是学前儿童成长足迹的展现。

瑞吉欧教育体系强调,在活动中或活动后,教师要和学前儿童一起将活动内容或实录以照片、文字、图画等多种形式在环境中展示出来,以此来呈现主题活动的进展情况,同时也借此帮助学前儿童梳理并积累在活动中获得的相关经验。

环境记录不仅在墙壁上展示,瑞吉欧学前机构还设置了档案资料室,那里收集了更为详尽的学前儿童发展信息,以及教师和家长提供或制作的各种物品,而参与记录的不仅是教师,还有各位家长。

六、关注美感,重视对文化的体现

瑞吉欧教育的空间设计比较关注环境的美感与文化的体现。多样的空间布局、充满地域特色的自然材料的投放、富有创意与当地传统艺术感觉的色彩渲染与装饰、空间上的通透性、自然光源的引入、绿植与环境的和谐搭配、童话般的户外环境……让自然和谐的美感与当地的文化、教育的理念、园所的价值追求自然地渗透到环境中,同时又在环境中呈现出来(图3-8)。每一所学校的文化都源于学前儿童及其家庭的生活经验以及家长参与学校方式的影响,如瑞吉欧学校都会保留生活了三年的学前儿童的活动足迹。

图 3-8　充满美感的瑞吉欧幼儿园

　　瑞吉欧学前教育机构的环境之所以如此有特色,与其环境创设的原则是密不可分的。其环境创设的原则主要体现在如下方面:第一,以大家庭和社区的模式而不是传统的大教室的模式来规划学校环境。第二,根据学前儿童的能力特征和发展需要来创设并定期地评估和修改。第三,尊重使用者。在这里,环境都是根据学前儿童、家长及教师的兴趣、需要及能力而创设的,都是经过他们共同研究、共同创造、共同论证的。无论是建筑结构的更新重建还是现有结构的整修,或者学校空间的修改方式等,都是多方面人员共同讨论和制定的结果。

第四章 学前教育中的生活自理教育

学前儿童的生活自理能力,既是学前儿童身体健康的重要标志,也是学前儿童生存和健康发展的重要基础和保障。由于学前期是学前儿童养成良好的生活自理能力的关键时期,因此在学前教育的发展中要高度重视学前儿童的生活自理教育,以促进学前儿童的全面、健康发展。

第一节 学前儿童生活自理教育的意义和内容

生活自理能力指的是个体在日常生活中照料自己生活的自我服务劳动的能力,是一个人应该具备的最基本的生活技能。而学前儿童的生活自理能力及其发展,是学前教育中健康教育的一个重要目标,并构成了学前儿童健康教育中的一个相对独立的课题,即学前儿童生活自理教育。

一、学前儿童生活自理教育的内涵

(一)学前儿童生活自理教育的含义

所谓学前儿童生活自理教育,就是培养学前儿童的生活卫生、进餐、着装、睡眠、盥洗等方面基本的生活能力的教育活动。学前儿童生活自理教育的开展情况,将会对学前儿童生活自理技能的形成以及学前儿童的未来发展产生重要的影响。

(二)学前儿童生活自理教育的特点

由于学前儿童生活自理教育主要是在基本的生活活动中进行的,因而具有以下两个鲜明的特点。

1. 隐蔽性

学前教育教师通常会花费大量的时间和精力来照顾学前儿童的基本生理需要的行为,包括吃饭、睡觉、穿衣、如厕等。这些行为虽然是十分琐碎、具体和外显的,但其中也隐藏着重要的教育时机和教育作用。学前教育教师若能对学前儿童基本生理需要的行为引起足够的重视,便能积极发挥这些行为的正面作用,从而引导学前儿童养成良好的生活自理能力。

2. 长时效性

学前儿童在幼儿园中,通过遵循幼儿园的一日生活作息时间表,不仅会逐渐形成有规律的生活,生活方式和生活习惯等逐渐固定,而且会学会处理生活问题的思维方式和能力,这对其一生的发展都有重要的影响。这充分表明,学前儿童生活自理教育具有鲜明的长时效性特点。

二、学前儿童生活自理教育的意义

相关调查表明,当前很多的学前儿童连自己剥鸡蛋壳、自己穿衣、自己大小便这样的基本生活行为都无法完成。这表明,学前儿童的生活自理能力是很差的,因而极有必要加强对学前儿童的生活自理教育。事实上,开展对学前儿童的生活自理教育对学前儿童的发展有着十分重要的意义,具体体现在以下几个方面。

(一)有助于学前儿童养成良好的生活卫生习惯

大脑皮质功能活动的一个重要结果,便是形成了动力定型。具体来看,当外部的条件刺激按照一定的顺序进行了多次重复后,其在大脑皮质的兴奋和抑制过程在时间、空间的关系就会固定下来,前一种活动可称为后一种活动的条件刺激,一种按一定顺序做出的反应也就越来越恒定和精确,这就是动力定型。大脑皮质的动力定型一旦形成,神经细胞就能以最经济的消耗获得最大工作效果。

从某种角度来说,形成行为习惯的过程实际上也就是形成动力定型的过程。不过,行为习惯的形成、巩固、完善和自动化都不是在短时间内就能完成的,而是会花费较多的时间。此外,个体的年龄与行为习惯的养成也有密切的关系,即个体的年龄与行为习惯的养成呈负相关的关系。也就是说,个体的年龄越小,其行为习惯的可塑性就越大,动力定型就越容易形成。因此,在学前期就要重要培养个体良好的生活卫生习惯。

幼儿园通过开展学前儿童生活自理教育,对学前儿童的一日生活进行规范的组织和安排,并对各环节生活提出规定和要求,可以使学前儿童的生活变得规律化和程序化。此外,学前儿童生活自理教育在长时期的开展过程中,会帮助学前儿童了解和掌握初步的卫生常识,遵守有规律的生活秩序,养成良好的生活习惯、学习习惯和卫生习惯,学会多种技能,逐步提高自身的生活自理能力。

总之,通过开展学前儿童生活自理教育,可以帮助学前儿童养成良好的生活卫生习惯。这不仅影响着学前儿童的健康发展,而且对学前儿童一生的成长都有着积极的意义。

(二)有助于学前儿童形成良好的个性

学前儿童的年龄特点决定了其行为在绝大多数情况下都不是自觉的。因此,要使学前儿童形成良好的行为,既要重视培养学前儿童的自信心和毅力等良好的个性品质,也要重视培养学前儿童意志力和自控能力。这表明,学前儿童生活自理能力的培养与造就学前儿童良好的个性品质是可以在同一过程中实现的。

具体来看,学前儿童的生活自理教育需要在学前教育教师创设的情境和日常生活中进行,在这一过程中,学前儿童必然要积极主动地与同伴、教师交流,参与营造共同的生活,并与周围更多的人接触和交往,体验人与人相互理解协作、相互帮助的快乐和重要性。如此一来,学前儿童便能更好地认识自己的身份以及与周围人的关系,掌握基本的社会生活行为规范,学会表达自己的看法,倾听他人的意见,关心和同情他人,逐渐建构自己的个性基础。

此外,学前儿童生活自理能力高低,与其良好个性的形成也有一定的正相关关系。学前儿童在日常的生活中,若是能够有条理地做到吃饭、穿衣、洗漱等,则其很容易获得学前教育教师、同伴以及家长的认同。如此一来,学前儿童的自信心便会得到大大增强。

(三)有助于学前儿童的健康成长与发育

对学前儿童开展生活自理教育,主要是为了促使学前儿童养成并不断提高自己在进餐、盥洗、睡眠、生活卫生、睡眠等方面的基本生活能力。而学前儿童在形成了这些基本生活能力后,可以帮助自己的身体各系统得到健康发育。

以睡眠来说,良好的睡眠对学前儿童的健康成长与发育有着重要的影响。良好的睡眠习惯可以提高学前儿童睡眠的质量,而睡眠质量的提高又可以促进学前儿童身体的生长发育。因此,必须要帮助学前儿童养成良好的睡眠习惯,具体包括以下几个方面。

第一,按时入睡,按时起床。

第二,有正确的睡眠姿势,即双腿弯曲,向右侧卧睡。

第三,睡觉时要尽可能用鼻子呼吸。

第四,不能睡过软的床,最好睡硬板床。

第五,睡觉时不蒙头,不踢被子。

第六,睡觉前要自己铺床,按顺序脱衣服、鞋袜,并将脱下的衣服和鞋袜整齐地放在固定的地方;睡醒后要自己整理床铺、被褥,按顺序穿衣服、鞋袜。

三、学前儿童生活自理教育的内容

开展学前儿童生活自理教育涉及的内容有很多,其中较为重要的有以下几项内容。

(一)盥洗

学前儿童的盥洗主要涉及洗手、洗脸、洗脚、刷牙、洗浴、修剪指(趾)甲等内容,对于培养学前儿童自小养成卫生习惯和自我服务能力具有重要的作用。

1. 洗手

学前儿童在接触各种物品时,主要是依靠手,因而手被各种病原体污染的机会最多。因此,学前教育教师要指导学前儿童开展好洗手活动。在这一过程中,学前教育教师要特别注意以下几个方面。

第一,要提醒学前儿童在饭前便后和活动以后都要洗手。

第二,要教给学前儿童正确的洗手流程,即先用水把手沾湿搓上肥皂,把手心、手背及指间都搓到,然后用水冲洗干净,不留肥皂残液,最后把手擦干。

第三,要确保每个学前儿童的肥皂、毛巾和毛巾架都是单独使用的,并要将它们放在便于取用的地方。此外,要注意擦手的毛巾应经常清洗,放在日光下暴晒或煮沸消毒。

第四,要确保洗手池与学前儿童的身高、体型等相符合。

2. 洗脸

学前儿童早、晚和外出归来应洗脸,天气炎热的季节更应增加洗脸的次数。因此,学前教育教师要指导学前儿童开展好洗脸活动。在这一过程中,学前教育教师要特别注意以下几个方面。

第一,要确保学前儿童的洗脸水使用的是水龙头放出的流动的水,这对于避免交叉感染具有重要的作用。

第二,要教会学前儿童在洗脸时不要让水流入耳朵、鼻腔和眼内。

第三,要注意在学前儿童洗脸后,在其脸部、颈部涂抹一些儿童适用的油脂以保护皮肤,但不要使用其他化妆品。

第四,每个学前儿童洗脸所用的毛巾都应是单独的,并要经常对毛巾进行消毒。

3.洗脚

洗脚能促进足部血液循环,消除疲劳,有利睡眠,冬季还有益于脚的保暖。因此,寄宿制幼儿园每天晚上都要让学前儿童在临睡前洗脚,将双脚浸泡在温水中,不断地轻轻搓洗,把脚跟、脚底、脚背、脚趾都洗到,然后用毛巾擦干。在这一过程中,学前教育教师要特别注意学前儿童的洗脚用具必须是专用的,切不可和患有足癣等疾病的学前儿童合用毛巾和脚盆。

4.刷牙

乳牙牙釉较薄,牙本质较软脆,牙髓腔较大,在酸的作用下比成人更容易患龋齿。学前儿童正处于恒牙、乳牙交换的时期,乳牙的好坏直接影响着恒牙的健康,因此,学前教育教师要引导学前儿童重视牙齿的保护,养成刷牙的好习惯。

刷牙可以清除牙齿表面的污物和微生物,保护牙齿,预防龋齿,还可按摩牙龈,促进牙齿周围组织的血液循环,使牙齿健康。因此,学前教育教师应指导学前儿童开展好刷牙活动。在这一过程中,学前教育教师要特别注意以下几个方面。

第一,要确保所选购的牙刷和牙膏与学前儿童的牙齿发育特点相符合。

第二,要确保每个学前儿童都有专用的牙刷。

第三,要在学前儿童刷完牙后,将牙刷洗净、甩干,保持干燥,以防止细菌生长和繁殖。同时,要将牙刷刷毛朝上插在杯子中或牙刷架上。

5.洗浴

学前儿童皮肤的保护机能差,经常保持皮肤清洁可以提高保护机能。因此,在寄宿制幼儿园,必须开展好学前儿童的洗浴活动。在这一过程中,学前教育教师要特别注意以下几个方面。

第一,必须要让学前儿童在夏天每天洗 1～2 次浴,冬天每周 1 次,春、秋季可视具体情况而定。

第二,要注意洗浴时用温水洗浴(40℃),每次时间不要超过 15 分钟。

第三,要注意洗浴时年龄小的学前儿童一般洗盆浴,4～5 岁以后的学前儿童便可以洗淋浴。

第四,洗浴时应使用碱性小的肥皂,如硼酸浴皂,注意搓洗腋窝、腹股沟、肛门会阴部等处,不要用力过大,以防搓伤皮肤。

第五,洗浴后应立即用毛巾将身体擦干。夏季可以擦些防痱、去痱的用品,如适合儿童使用的痱子水、痱子粉或爽身粉等,然后穿好衣服。此外,洗浴后不可让学前儿童马上到室外吹风或用电扇吹风,以免着凉引起感冒。

6.修剪指(趾)甲

指甲过长会影响触觉,或伤害他人皮肤,或因甲缝易藏纳污垢和病菌而传染消化道疾病。因此,寄宿制幼儿园必须开展好学前儿童的修剪指(趾)甲活动。在这一过程中,学前教育教师要特别注意以下几个方面。

第一,每周要给学前儿童剪一次手指甲,每两周给他们剪一次脚趾甲。

第二,修剪指(趾)甲应在洗澡或洗手洗脚后进行,让温水将指(趾)甲泡软。

第三,修剪指(趾)甲时要注意剪成弧形,不可剪得过深,以免引起疼痛,也要防止剪破皮肤发生炎症。

（二）进餐

做好学前儿童进餐的组织工作，保证学前儿童对营养的摄入，使学前儿童养成良好的进餐习惯，是学前儿童生活自理教育的一项重要内容。在这一教育活动的开展过程中，学前教育教师要切实做好以下几方面的工作。

第一，要做好学前儿童进餐前的准备工作，如进餐前半小时左右让学前儿童结束各种游戏活动，并请学前儿童收拾玩具，整理活动区域；组织学前儿童如厕、洗手；穿上配餐服、带上配餐帽，洗干净双手；用消毒水擦餐桌，搞好进餐卫生，分发碗筷、餐盘，并指导学前儿童摆放好餐具；通过放优美的音乐和轻松的故事，来积极营造愉快安静的进餐气氛；向学前儿童介绍当天的食物，以引起他们的食欲；确保学前儿童的食物温度适中，并放在餐桌安全的地方，以免发生烫伤等意外事故。

第二，要把握好进餐的时间。食物在胃内排空所需要的时间为 3～4 小时，如果进餐时间相隔太近，会引起消化不良；相隔时间太久，又会造成饥饿。

第三，要帮助学前儿童初步了解进餐的重要性和常规。由于学前儿童理解力差，注意力集中时间短，如果一味地说教，易导致学前儿童失去学习兴趣，有些学前儿童还会故意违背。因此，学前教育教师要注意把故事、游戏与说服教育结合起来，使学前儿童初步了解进餐的重要性和一些简单的进餐方法。

第四，要注意引导学前儿童喜欢吃各类食物，不挑食，不偏食。若学前儿童出现了偏食、厌食的不良进餐习惯，要及时采取有效的方法来引导其改正。

第五，要教会学前儿童正确使用勺子、筷子等吃饭用具，养成自己吃饭的好习惯。

第六，要提醒学前儿童吃饭时细嚼慢咽，不吃汤泡饭；夹菜不可东挑西拣，不糟蹋饭菜；不说笑，以免食物进入气管；尽可能不发出声音；等等。

第七，要注意根据学前儿童饭量随时添饭，不要催促他们快吃，不搞看谁吃得快的比赛，以免影响他们吃饭的心情以及食物的消化。

第八，要注意不可在饭前批评学前儿童，更不能把不让吃作为惩罚学前儿童的手段来使用。

第九，要注意让学前儿童自觉调整用餐时间，若学前儿童在进餐过程中出现了边吃边玩、边吃边讲话等问题，学前教育教师应该积极应对。此外，对于吃饭较慢的学前儿童，学前教育教师可以让他们提前进餐。

第十，要注意饭后及时提醒学前儿童漱口。

(三)睡眠

学前期正处于生长发育的重要时期，睡眠对于保护学前儿童的神经系统、恢复学前儿童身体各器官的机能、使学前儿童始终保持充沛旺盛的精力有着重要的作用。具体来看，在睡眠时，学前儿童的各种生理功能的活性降低，机体的异化作用减弱，而且生长激素的分泌量增加，这对于保证学前儿童在发育期同化作用超过异化作用、促进机体的正常生长发育具有积极意义。因此，在开展学前儿童生活自理教育时，必须要认真组织和指导学前儿童的睡眠环节，引导学前儿童养成良好的睡眠习惯。

为了确保学前儿童有良好的睡眠质量，学前教育教师在开展学前儿童睡眠教育活动时，应特别注意以下几个方面。

1.要保证学前儿童有足够的睡眠时间

足够的睡眠可以使学前儿童机体的各系统各器官得到充分的休息，有益于他们的健康和生长发育。因此，保证足够的睡眠时间对于提高学前儿童的睡眠质量具有重要的作用。

由于睡眠持续的时间与大脑的发育程度有关，因此学前儿童的年龄越小，神经细胞就越脆弱，容易使疲劳程度加深，所需的睡眠时间越长，如0～9个月的学前儿童需要的睡眠时间是13～20

个小时,而 2 岁的学前儿童需要的睡眠时间是 13～14 个小时。当然,由于个体差异的存在,学前儿童在具体的睡眠时间方面也有一定的差异。此外,学前儿童睡眠时间的长短需要根据季节情况作适当的调整:夏季昼长夜短,天气炎热,夜间睡得少,可用延长午睡时间的办法来弥补;冬季昼短夜长,夜间睡眠多,可适当缩减午睡时间。

2.要做好学前儿童睡眠前的准备工作

做好学前儿童睡眠前的准备工作,对于提高学前儿童的睡眠质量,使学前儿童形成良好的睡眠习惯具有重要的作用。具体来说,在学前儿童睡眠前,学前教育教师应做好以下几方面的准备工作。

第一,在睡眠前,要为学前儿童创设良好的睡眠环境,如午睡的房间必须要空气流通、温度宜人、安静、无亮光刺激、干净整洁,不能有可能伤害学前儿童的物品,如别针、发卡等。

第二,在睡眠前,要为学前儿童准备舒适的睡眠用具,并要根据季节及时更换学前儿童的被褥,注意为体弱的学前儿童和易生病的学前儿童准备较厚的被褥。

第三,在睡眠前,要注意让学前儿童适量饮食,并要检查学前儿童的口腔是否有食物残渣,督促学前儿童饭后漱口。

第四,在睡眠前,要提醒学前儿童如厕。

第五,在睡眠前,要注意平定学前儿童的情绪,不宜让学期儿童做活动量大的游戏。此外,可以通过让学前儿童听音乐、听故事或儿歌等来平定学前儿童的情绪,帮助其安静入睡。

第六,在睡眠前,要提示并指导学前儿童有顺序地脱衣、裤、鞋、袜,并将衣、裤叠放整齐,放在固定的位置。

3.要培养学前儿童正确的睡眠姿势

睡眠姿势正确与否,关系到学前儿童睡眠的质量和身体健康。前面已经说过,学前儿童正确的睡眠姿势应该是双腿弯曲、向右侧卧睡。这样的睡姿会使较多的血液流向身体的右侧,从而相应减轻心脏负担,有利于心脏休息;会使较多的血液流经肝脏,有益于肝脏功能的发挥;有利于胃中食物向小肠大肠移动。

虽然说双腿弯曲、向右侧卧睡是学前儿童最佳的睡眠姿势,但要注意不应将睡眠姿势绝对化、一成不变,这样也不利于消除疲劳。此外,年龄越小的学前儿童,越不应固定一种睡姿,因为学前儿童骨的骨化尚未完成,固定一种姿势睡眠,易造成颅骨、胸廓、脊柱等变形。因此,要培养学前儿童正确的睡眠姿势,最为重要的工作是纠正学前儿童不良的睡眠习惯,如蒙头睡觉。蒙头睡觉是极不卫生的睡眠习惯,它导致被窝里的氧气越来越少,二氧化碳越积越多,加上肛门排出的粪臭素、硫化氢等有害气体,在睡眠时吸入这种污浊的空气,易导致做噩梦、容易被惊醒,起床后会感到气闷、头晕、精神委顿,也易患鼻炎和感冒,长期蒙头睡眠会影响智力和降低抗病能力。

4.要密切关注学前儿童睡眠环境的变化

在学前儿童的睡眠过程中,学前教育教师应密切关注睡眠环境的变化,包括气温的变化、湿度的变化、通风状况的变化、噪声强度的变化等。一旦发现影响学前儿童睡眠环境的异常情况,必须及时进行解决。此外,学前教育教师一定要特别注意可能发生的意外事故,并有完善的应付对策,一旦火灾、地震等意外事故发生,能使学前儿童以最快速度从睡眠状态进入疏散、避灾状态。

5.要顾及学前儿童对睡眠需要的差异性

对于幼儿园来说,制定统一的生活制度,安排学前儿童同时上床睡觉、同时起床是极有必要的。但是,在对生活制度予以具体执行的过程中,要充分考虑到学前儿童对睡眠需要的差异性,并切实做到以下两个方面。

第一,对于入睡晚和入睡困难的学前儿童,学前教育教师应坐在其身边,小声督促其尽快入睡。

第二,要允许部分早醒而不愿继续睡眠的学前儿童适当提前起床,并将他们安排到其他地方进行安静的活动。

6.要密切关注学前儿童的睡眠行为,及时发现其存在的健康问题

在学前儿童的睡眠过程中,其健康问题往往能够得到一定的反映。学前儿童若是肠道内有寄生虫,则睡眠时由于寄生虫在肠内活动刺激神经,经反射作用会引起学前儿童咬牙。因此,学前教育教师必须密切关注学前儿童在睡眠时的体表症状和行为,若发现异常,要及时与家长联系进行有效解决。

(四)穿衣服

在开展学前儿童生活教育时,教会学前儿童自己穿衣服也是一项十分重要的内容。事实上,培养学前儿童自己穿衣服的习惯有很多的好处,具体如下。

第一,可以培养学前儿童的独立性,减少对成人的依赖。

第二,可以培养学前儿童克服困难的能力,锻炼学前儿童的意志力。

第三,可以锻炼学前儿童手指的灵活性。

第四,可以锻炼学前儿童辨别方位的能力,如学前儿童在穿衣时需要分清衣服的上下和前后、鞋袜的左和右等。

学前教育教师在教学前儿童穿衣服时,一定要有耐心,循序渐进,这对于培养学前儿童的耐心也有一定的作用。此外,在教学前儿童穿衣服时,学前教育教师要注意给予学前儿童足够的时间进行锻炼,并及时对学前儿童取得的成绩进行表扬,并要慢慢纠正他们在穿衣服过程中形成的不正确行为。

(五)饮水

在人的机体组成部分中,含量最高的便是水,学前儿童机体组织中的水分相对多于成人,年龄越小,体内水分的比例越高,需水量相对也越大。因此,幼儿园必须引导学前儿童养成良好的饮水习惯,具体可从以下几方面着手。

第一,要设置专门的饮用水供应点,且该供应点能随时供给学前儿童饮用。

第二,要为学前儿童提供足够的、煮沸的饮用水,随时提醒学前儿童不要在感到口渴时才饮水。

第三,要确保学前儿童喝水的水杯是专用的,并要保持清洁,经常消毒,防止传播疾病。

第四,在夏季、早晨或午睡起床后、进行体育活动时或者在学前儿童患病时,要注意增加学前儿童的饮水量。

第五,要注意根据季节变化和学前儿童的实际情况来调整学前儿童的饮水时间和饮水次数。

第六,要注意让学前儿童在每两餐之间应饮水一次,而且餐前 $0.5 \sim 1$ 小时饮水对机体有益。因为此时水在胃里停留后很快进入血液,补充到全身细胞中,学前儿童进餐时体内就会分泌出足够的消化液,使食物得到充分的消化和吸收。

第七,要注意在学前儿童剧烈运动后,不能让其马上喝大量的水,否则会增加循环血量而加重心脏的负担。

(六)如厕

能否独立地如厕,能够反映出一个人最基本的生活自理能力和卫生习惯。由于学前儿童对排便的控制能力较差,因此如厕是幼儿园一日活动中非常重要的一个生活环节。也就是说,在学前儿童的生活自理教育中,如厕是一项十分重要的内容。具体来说,学前教育教师可从以下几方面着手来帮助学前儿童养成良好的如厕习惯。

第一,要允许学前儿童根据需要随时大小便,并在每个活动环节过渡时及时提醒学前儿童如厕。

第二,要教会学前儿童正确的大小便方法,即排便时不弄脏便池的外边,不玩弄厕纸或厕所内的其他物品,不在厕所内打闹。此外,应教会学前儿童脱裤子和提裤子、使用手纸等方法,还要及时提醒学前儿童在便后洗手。

第三,要耐心地对待尿湿裤子的学前儿童,及时给他们换上干净的裤子,并积极引导他们学会如何表达自己的如厕想法。

第四,要随时提醒学前儿童,如厕时出现腹泻的情况要及时告诉老师。

(七)整理物品

对于学前儿童来说,学会整理物品也是标志其具有生活自理能力的一个重要标志。此外,培养学前儿童整理物品的能力,包含了培养学前儿童的责任感,做事认真仔细、有始有终的态度,井然有序的生活习惯。

学前教育教师在指导学前儿童整理物品时,要特别注意以下两个方面。

第一,要注意由易到难,这有助于增加学前儿童在整理物品的过程中获得成就感,继而更主动、积极地参与到这项活动之中。

第二,要注意结合学前儿童一日生活的各个环节来进行。比如,可以利用进餐、使用学习用品、玩玩具、看图书、起床之后整理床铺、下午放学前这些时间段来重点培养学前儿童,巩固学前儿童收拾整理物品这一自理行为。此外,学前教育教师在指导学前儿童整理物品时,要注意采用多样化的形式,以有效激发学前儿童的兴趣。比如,可以通过示范法,让学前儿童在自己的观察学习中掌握收拾整理的方法;可以通过榜样教育法,即通过树立榜样激发学前儿童主动收拾整理物品的兴趣;可以通过比赛的方法,强化训练学前儿童收拾整理物品的速度等。

第二节　学前儿童生活自理能力培养的途径与方法

学期时期是人一生生活自理能力和良好生活习惯初步养成的关键期,而学前儿童的特殊性决定了在培养学前儿童的生活自理能力方面存在一定的困难。因此，必须积极采取有效的途径与方法来培养学前儿童的生活自理能力。

一、通过正面教育来增强学前儿童的生活自理意识

学前期是人的独立性发展的一个关键阶段，出现了最初的自我概念，其自主性明显增强，开始出现"我能""我可以""我自己来"等自我独立意向，喜欢自己去尝试。

对于学前教育教师来说，必须抓住学前儿童独立性形成和发展的敏感期，掌握必要的正面教育策略与要点，让学前儿童的独立要求得到满足，避免学前儿童形成过度的依赖。比如，学前教育教师可以通过谈话"我是乖宝宝""我长大了""我学会了……"等活动，利用提问、讨论、行为练习等形式，让学前儿童意识到自己有能力干好一些事情，为自己会干力所能及的事情而感到高兴。又如，由于学前期是学前儿童语言发展的关键时期，因而学前教育教师可以通过开展与生活自理能力培养相关的语言活动（诗歌、故事、看图讲述等）中，引导学前儿童受到感染，继而积极培养自己的生活自理能力。

二、创设适宜而真实的教育环境，为学前儿童的生活自理能力培养奠定基础

学前儿童由于年龄的限制，不论是思想还是行为都很容易被周围的环境所影响。因此，要想有效培养学前儿童的生活自理能力，就必须要创设适宜而真实的教育环境。实践也已证明，只有在适宜而真实的教育环境中，学前儿童才能够逐渐养成生活自理的习惯。具体来说，可从以下两方面着手来进行教育环境的创设。

（一）创设有助于培养学前儿童生活自理能力的物质环境

创设有助于培养学前儿童生活自理能力的物质环境，主要是为学前儿童准备丰富的操作工具。比如，可以创设家庭模仿活动

区,并提供床、被子、床单、衣服、鞋子等模具,让学前儿童练习如何叠被子、整理床单、系鞋带等。

(二)创设有助于培养学前儿童生活自理能力的精神环境

创设有助于培养学前儿童生活自理能力的精神环境,对于培养学前儿童的生活自理能力也有重要的帮助。比如,学前教育教师鼓励学前儿童自己的事情自己做,以生活自理能力较强的学前儿童为榜样、引导其他学前儿童向其学习等,都能够促使学前儿童重视并不断提高自己的生活自理能力。

需要注意的是,学前教育教师也可以特意创设一定的环境来锻炼学前儿童的生活自理技能。比如,户外活动后,许多学前儿童都脱掉衣服,此时学前教育教师可以随机创设一个把脱下来的衣服乱七八糟堆放在一起的情境,引导学前儿童观察,体验不愉快的情绪,然后去动手收拾整理,让学前儿童体验愉快的情绪。这种对比鲜明的情绪,将促使学前儿童自觉地把脱下的衣服整齐地叠放在固定的地方。

三、利用多样化的教育形式来培养学前儿童的生活自理能力

借助于多样化的教育形式来培养学前儿童的生活自理能力,也是十分重要的一个途径。具体而言,适合培养学前儿童生活自理能力的教育形式主要有以下几种。

(一)生活教育

学前儿童的生活自理能力体现在幼儿园一日活动的所有环节中,而且学前儿童的生活自理能力可以随着时间的推移和反复操作练习而变得日益熟练。因此,生活教育是培养学前儿童生活自理能力的教育形式之一。比如,在日常生活中坚持不懈地培养学前儿童养成良好的进餐、洗漱、午睡习惯;随时纠正学前儿童在日常生活中出现的不良现象;随时指导学前儿童学习穿脱衣服、鞋袜,学习扣纽扣、系鞋带等;时刻提醒学前儿童来园时自己走,

不要家长抱;等等。这些对于培养并不断提高学前儿童的生活自理能力,都有着重要的作用。

(二)游戏

游戏是学前儿童幸福的源泉,而且学前儿童大量的知识、能力也是从游戏中获得的。针对此特点,可以把生活技能的学习内容融入各类游戏中,使学前儿童在积极、愉快的气氛中掌握生活技能。也就是说,利用游戏活动可以有效培养学前儿童的生活自理能力。

具体来说,利用游戏来培养学前儿童的生活自理能力,就是抓住学前儿童好玩的心理特点,把洗手、穿鞋、收拾玩具等内容编成不同形式的游戏,使学前儿童在轻松有趣的游戏活动中,主动地去想、去动、去干,最终较好地掌握一些基本生活技能。比如,可以通过"小手变白了""给小扣子找家"等简单的游戏,培养学前儿童自己洗手、扣纽扣的能力;可以通过"比比谁的餐具最干净"的游戏,培养学前儿童独立吃饭、不浪费食物的良好习惯,以及学前儿童的自信心和竞赛精神。此外,可以根据学前儿童的年龄特点,把一些自理技巧编成儿歌、歌曲以及设计成饶有趣味的情节等,来提高学前儿童学习的兴趣。比如,在教学前儿童学习如何系鞋带时,可以结合歌曲《系鞋带》来进行:两个好朋友,见面握握手,钻进大洞口,用力拉耳朵,变成蝴蝶走。在愉悦的歌曲中,学前儿童便能轻松自主地学习系鞋带的方法。

(三)区角活动

区角活动在学前儿童的生活自理能力培养中也占有重要的作用。学前教育教师可以根据某一阶段的自理能力教育目标,有计划地投放各种材料,让学前儿童在区角活动中掌握技巧、练习技巧、熟悉技巧。比如,可以通过设置"娃娃家"的区角活动,锻炼学前儿童有序地穿脱衣服的技能。在游戏的过程中,学前儿童会知道衣服各部位的名称,如衣领、衣袖、裤腿、纽扣等,并练习每一部位的基本穿法。经过反复练习,学前儿童会很快掌握穿脱衣服的方法。

(四)榜样示范

学前儿童的思维具有明显的形象性和具体性,因此在对其进行教育时,仅仅采用单纯的说教是行不通的。如果以具体、生动的形象提供给学前儿童行动的具体方法,则可引起学前儿童的注意及学习模仿的兴趣。因此,榜样示范也是培养学前儿童生活自理能力的一个有效方法。

所谓榜样示范,就是运用正面或反面的榜样为学前儿童树立生活自理能力行为准则,目的在于为学前儿童提供正确的范例,引导学前儿童模仿学习,最终引导学前儿童形成良好的生活自理能力。比如,可以通过榜样示范来教会学前儿童学会怎样使用筷子、怎样穿衣、怎样扣纽扣等。

(五)行为练习

蒙台梭利说:"动作教育是日常生活练习的课程之一,其主要目的是培养幼儿的自我管理能力,培养其责任感及良好的生活习惯。"因此,通过让学前儿童进行生活技能的练习,也是提高学前儿童生活自理能力的一个重要途径。比如,在教给学前儿童叠衣服的方法和顺序后,可以马上组织全班的学期儿童开展叠衣服比赛,看谁叠得快,叠得整齐。发现不符合要求的现象,学前教育教师可以让其反复练习。如此一来,所有的学前儿童都能学会这一生活技能。

四、通过家园合作来培养学前儿童的生活自理能力

在培养学前儿童的生活自理能力,家园合作也是一种十分有效的途径。如果家园联系不够,学前儿童在园时自己的事情自己做,回到家中因家长包办而形成负面影响,便会影响学前儿童生活自理能力的进一步提高。因此,必须积极开展形式多样的家园

活动,并要确保无论是家庭还是幼儿园,对学前儿童的要求都保持一致性,统一思想认识,讲究方式方法。比如,家长不能因为学前儿童做事情的速度慢、效率差,就对学前儿童应该自己做的事情进行包办。只有这样,学前儿童的生活自理能力才有可能得到提高。

此外,家长要注意将学前儿童在家会做的事情拍成照片或写成文字带到幼儿园,供学前教育教师和家长进行互动交流,以便进一步促进学前儿童生活自理能力的提高,达到家园同步教育。

第三节　学前儿童生活自理教育的组织策略

学前儿童生活自理教育是学前儿童健康教育的一个重要组成部分,内容非常具体。因此,它可以通过有目的、有计划的正式教育活动进行,也可以借助灵活的、分散的日常生活来进行。但不论通过哪种形式来开展学前儿童生活自理教育,都必须要做好学前儿童生活自理教育的组织工作。具体而言,在组织学前儿童生活自理教育活动时,可以借助以下几个有效的策略。

一、要充分尊重学前儿童的主体性

这里所说的主体性,指的是学前儿童在生活自理能力的培养教育中所具有自主性、创造性和主动性。这就决定了在组织学前儿童生活自理教育时,要切实以学前儿童的发展为本,满足每个学前儿童在健康成长过程中的各种基本需要,并为学前儿童提供平等的学习与发展机会。

具体来说,在组织学前儿童生活自理教育时,可具体从以下两方面着手来确保学前儿童的主体性得到充分的尊重。

第一,组织的学前儿童生活自理教育活动应与学前儿童的学习特点与身心发展水平相适应,这对于激发学前儿童积极、主动地学习、发展具有重要的作用。

第二,在学前儿童生活自理教育活动中,学前教育教师要注意通过启发、引导、协助、参与、指导等形式发挥其主导作用,充分调动学前儿童的积极主动性,利用与周围同伴、教师、事物的相互作用,使学前儿童成为活动的真正主体。

举例来说,可以组织半日主题教育活动"神奇的鞋",该主题由"漂亮的鞋"(通过认识各种鞋,了解不同种类的鞋),"神奇的鞋"(知道鞋的功能,大人的鞋和小朋友的鞋不同,要穿适合自己的鞋才舒服、健康,鞋不合适时要告诉家长),"好玩的鞋"(愉快地参加活动,在户外活动中玩踩脚印、跳脚印的游戏),"好看的鞋"(通过幼儿画鞋,相互欣赏作品,分享活动经验)四个内容组成,在晨间活动、学习活动、游戏活动、户外活动中,通过集体活动、小组活动、自选活动等各种方式,使学前儿童在做做玩玩中认识鞋的种类和功能,练习穿鞋的技能技巧,促进大动作的发展,养成自己主动着装穿鞋的好习惯,达到主题目标。

二、要注意循序渐进和长期坚持

学前儿童的生活自理能力并不是在短时间内就能形成的,而且学前儿童所形成的生活自理能力并不是长久不变的。因此,在组织学前儿童生活自理教育活动时,要特别注意循序渐进和长期坚持。

就循序渐进来说,当学期儿童获得了初步的生活自理技巧之后,就要注意提高要求,如提高学前儿童做事情的速度、质量等。比如,学前儿童的吃饭,在最开始可能会有撒饭粒的情况,通过一段时间的培养和练习,学前儿童会逐渐正确掌握吃饭的技巧,少撒饭粒或不撒饭粒。

就长期坚持来说,学前儿童生活自理能力的培养不是一两次教育就能奏效的,这是个漫长的过程,是螺旋式的反复实践认识的过程。有些教育内容,可能会在短期内就取得效果,如不用脏手揉眼睛,但随着时间的推移或其他因素的影响(如有负面榜样的作用等),学前儿童已形成的健康行为可能出现反复。对于这一现象,学前教育教师必须要有充分的认知,即明确学前儿童的年龄特征和学习特点是导致这一现象出现的最主要原因,并要以此为依据,合理安排生活自理教育的内容,注意同一类内容重复安排多次。需要注意的是,这里的重复并非简单的重复,而是螺旋式的上升和提高。

三、要做到"及时补强"

当一个人的行为得到满意的结果时,这种行为就会重复出现,这就是所谓的"补强"。如果想让补强发挥最大的效用,就应该在令人满意的结果出现后及时奖励或表扬,如果时间拖得太久,补强的作用就会淡化、减弱或消失。因此,在组织学前儿童生活自理教育活动时,当学前儿童表现出良好的行为,就必须及时予以奖励。同时,当学前儿童出现了不好的行为时,要及时进行惩罚。比如,当学前儿童第一次把衣服扣子扣对了,学前教育教师应马上给予肯定和赞许;当学前儿童第一次全部吃完自己的一份菜时,学前教育教师应马上微笑地鼓励。这种及时补强使学前儿童令人满意的行为得到强化而逐渐地形成习惯。

需要注意的是,学前教育教师在学前儿童生理自理教育中采用"及时补强"的方式时,必须要做到客观公正,不能无中生有地肯定或赞许,如果学前儿童的行为根本不值得学前教育教师去表扬,但学前教育教师表扬了,会让学前儿童感到学前教育教师的虚假,同时也对自己的行为产生迷惑。也就是说,只有在学前儿童真的出现"强"的行为时,学前教育教师才能"补",同时要让学前儿童自己明确自己的"强",即学前教育教师不能只是一味地强调学前儿童进步了,学前儿童很棒,而是要引导学前儿童明确自己的哪些行为和做法值得肯定。

四、要注意因材施教

学前儿童之间的个体差异是客观存在的,因此在组织学前儿童生活自理教育活动时,要注意因材施教。具体来说,对于自理能力较强的学前儿童,就以较高水平来要求;对于自理能力较差的要求,就相对降低要求的标准,不可强求,更不可鄙视。

举例来说,在指导学前儿童穿鞋的过程中,小班学前儿童要求在区分左右脚的基础上把鞋穿好;大班学前儿童不仅要正确区分左右脚,还要求正确系好鞋带。

五、要真正让学前儿童动手操作

苏联著名教育家苏霍姆林斯基曾经说过:"幼儿的智力发展应当同时体现在手指的操作、语言的表达和用脑的思考上,动手、动口与动脑三者之间有着息息相关的内在联系。从小给孩子一双灵巧的小手,是促进孩子思维发展、丰富其词汇、增强其自信心的基础和前提"[①]。因此,在组织学前儿童生活自理教育时,要注意真正让学前儿童动手操作。也就是说,学前儿童生活自理技能的培养必须建立在其自身实践的基础上,确保学前儿童的生活自理技能在实际操作中得到感知和发展。比如,学前老师在早上热情地迎接学前儿童来班上,可以请学前儿童自己摆放自带物品;在中午进餐时间时,可以请小朋友自己动手吃饭和收拾碗盘;等等。通过这样的形式,学前儿童便能真正参与到生活自理教育活动之中,从而切实提高自己的生活自理能力。

六、要注意随机、渗透教育

(一)随机教育

随机教育在培养学前儿童的生活自理能力方面有着重要的作用。在日常生活中,学前教育教师只要留心,处处都可以发现对学前儿童进行生活自理教育的机会。比如,有的学前儿童主动帮助同伴扣纽扣;主动把别人放乱的餐具整理好;主动摆放好零乱的图书;主动挂好掉在地上的毛巾等。这点点滴滴都是学前儿

---

① 王娟.学前儿童健康教育[M].上海:复旦大学出版社,2012:92.

童美好心灵的表现,学前教育教师一定要注意到学前儿童的这种表现,并及时进行表扬,这对于提高、巩固学前儿童的生活自理技能具有重要的作用。

(二)渗透教育

所谓渗透教育,就是在学前儿童的日常生活中,要注意对生活自理教育的渗透。日常生活中的每个环节几乎都可用来对学前儿童进行生活自理教育,其作用主要表现在两个方面:一是日常生活中的生活自理教育常常比传统意义上的"上课"来得及时,如学前儿童一入园第一件事情或许就是"怎样在幼儿园上厕所",学前教育教师就可以在学前儿童参观熟悉新环境时适时地进行这方面的行为指导,而不必等到学前儿童正式上课时才进行;二是日常生活中的生活自理教育是健康教育活动的延伸,有利于巩固学前儿童的健康行为。比如,学前教育教师虽然会专门组织"不挑食、不偏食"的教育活动,但学前儿童只是认识上有了提高,至于态度的转变和行为的确立还有待于就餐时的检验,因而学前教育教师就可以结合每日的"三餐一点"(或者"三餐两点")进行继续教育。

总之,学前儿童的生活自理教育必须渗透在学前儿童的日常生活之中,并要注意在学前儿童的日常生活中来提高、巩固其生活自理能力。

七、要积极争取家长的支持与配合

前面已经说到,通过家园合作对于培养学前儿童的生活自理能力具有重要的作用。因此,在组织学前儿童生活自理教育时,要注意积极争取学前儿童家长的支持与配合。

在大教育的背景下,家园共育是行之有效的通道。依靠和利用家庭资源、家长的力量,可以巩固学前儿童正在培养或是已经养成的健康行为,也可以弥补、完善幼儿园的不足。由于学前儿童生活自理教育内容与家庭生活内容密切相关,在幼儿园存在的个人与公共卫生问题、饮食习惯问题,在家庭中也同样存在。如果仅靠幼儿园的集体教育而没有家庭教育的积极配合,学前儿童生活自理教育的效果将事倍功半;反之,如果幼儿园的集体教育与家庭教育协调一致,学前儿童健康教育便起到事半功倍的作用。因此,学前儿童生活自理教育必须得到家庭的积极配合,家长理应成为学前儿童生活自理教育的重要指导者。

第五章 学前教育课程的设计

学前教育课程是学前教育发展的心脏,是反映和体现学前教育改革的重要标志,也是学前教育思想、教育理论转化为实践的媒介和工具。学前教育实践以课程为核心展开,因此在学前教育中,设计好学前教育课程十分重要,它不仅关系到学前教育目标的实现,也直接影响学前教育质量的提高。本章以探讨学前教育课程的内涵、特征与类型为基础,分析学前教育课程的目标设计、内容选择,同时对蒙台梭利和瑞吉欧的学前教育课程方案进行研究。

第一节 学前教育课程的内涵、特征与类型

一、学前教育课程的内涵

学前教育课程也就是幼儿园课程,要对学前教育课程有所了解,其首要前提即是对于课程概念的理解。学界关于课程概念存在着很多的解释,而每一种解释都是试图从某一个立场或领域进行的,结果对课程的界定众说纷纭,莫衷一是,要想真正了解学前教育课程是什么,首先要知道"课程"一词的来源与释义。

在我国,课程一词最早出现在唐宋年间。唐朝孔颖达最早使用"课程"一词。宋代朱熹在《朱子全书》中多次提及课程,如"宽着期限,紧着课程""小立课程,大作工夫"等。

在西方,课程一词最早来自英国著名的哲学家、教育学家斯宾塞,他在 1859 年发表了一篇名为《什么知识最有价值》的文章,

里面最早提到"课程"。它是从拉丁语"currere"一词中派生出来的,原意为"跑道",根据这个词源,西方对课程最常见的定义是"学习的进程",简称"学程"。

当前,关于"课程"的概念,不同的学者有不同的认识。纵观课程概念发展的历史,人们对课程的认识与概括也表现出不同的特征。大致来说,当前主要有三种较有代表性的课程定义。一种认为课程就是学科,它重视知识及其逻辑组织的课程,这种观点把课程的内容与过程割裂开来,把课程当作学习者静态的东西,忽视了综合性学习,对学习者的经验不够重视。另一种认为课程是目标和计划,这种观点把课程视为教学过程之前或教学以外的东西。片面强调课程的目标和计划,忽视了学习者的现实经验。还有一种认为课程是学习者的经验,这种观点将学习者的直接经验置于课程的中心位置,消除了内容与过程、目标与手段之间的对立,从本质上实现了课程由"物"到"人"的转变。但是,这种课程的定义有忽视系统知识在学习者发展中的意义的倾向。综合这三种观点,我们认为课程的内涵包括三个方面,即课程作为学科、课程作为目标和计划、课程作为经验和体验。

学前教育课程就是针对 3～6 岁正处于迅速发展阶段的学前儿童设置的,是实现学前教育目的的手段,是以推动学前儿童获得有益的学习体验,促进其身心全面和谐发展的各项活动的总和。这一概念包括了以下几方面的内涵。

首先,学前教育课程是活动。一直以来,学术界对于学前教育课程是什么有很大的争议,归根到底,就是一直在注重学前教育课程的客体(学科教材)和学前教育课程的主体(学前儿童)间徘徊,立场不一样,得到的结论也就不一样。把学前教育课程归结于活动,这就解决了我们在考虑学前教育课程的时候应该注重主体(主观的学习经验)还是客体(学习内容)的两难问题,将视角转向了两者的交合处——活动,从活动的角度看待和解释课程。这一解释也比较符合学前儿童的身心发展水平。

其次,学前教育课程是有目的的。如果学前教育课程的教育理念强调学前教育教师教学的学业知识和技能,强调为入小学做好学业上的准备,那么学前教育课程常被看成是学科或科目,课程的目标以儿童获得预期的行为变化为主要取向,课程的内容以学科的逻辑体系加以选择和组织,课程实施以集体的、传递的方式进行,课程的评价则以客观的结果为标准。有时,虽然这种价值取向的学前教育课程不是以学科的方式呈现,但是其所谓的"综合""整合""主题"等只是表面形式,而其本质还是强调以学前教育教师为中心展开的教学,强调儿童达到社会或学前教育教师预定的行为标准。

最后,学前教育课程是各项活动的总和。瑞士的儿童认知发展专家皮亚杰认为:3～6岁的儿童的思维处于"前运算阶段",这是儿童克服各种心理障碍逐渐向逻辑思维过渡的时期。这一阶段儿童主要是表象性思维,思维的基本特点是相对具体性、直观形象性。因此,对于这一阶段的学前儿童来说,只有在活动中的学习才是有意义的学习,他们必须借助于具体的情境、具体的事物,在活动中学习。学前教育课程的实施,关键在于为学前儿童创设适合他们身心发展的活动情境,使学前儿童在主动探究的过程中获得经验和发展。

二、学前教育课程的特征

总体来看,学前教育课程具有以下几方面的特征。

(一)课程目标的全面性

学前教育是全面发展的教育,学前教育课程是实现学前儿童全面发展目标的中介。学前教育课程目标必须具有全面性特点,必须以实现学前儿童在身体、认知、情感、个性、社会性等方面的全面、和谐发展为目标。

(二)课程内容的基础性

学前阶段是人生发展的开端阶段,是启蒙开智的阶段,这也决定了学前教育课程是基础教育课程的基础部分,其基础性主要表现在两个方面:其一,学前教育课程对中、小学教育甚至是大学及更高的教育都有深远的影响;其二,学前教育课程的对象是3～6岁学前儿童,这个阶段正处于人生发展的起始阶段,他们的身心发展迅速,学前教育课程对学前儿童的一生成长都有奠基作用。

(三)适宜发展性

学前教育要适合学前儿童身心发展的客观规律与特点,这是对学前教育课程适宜发展性的诠释。学前教育课程的任何一个结构要素都受学前儿童身心发展的规律和特点的制约。因此,学前教育课程要从学前儿童的发展需要和发展特点出发,以学前儿童为本。适宜发展并不等于适应发展,并不表示要一味迎合、迁就学前儿童现在的身心发展水平。需要明确的是,课程是为学前儿童发展服务的,不能停留在学前儿童的自发活动和自由兴趣上,而应帮助引导他们,逐渐使他们的兴趣深刻化、行动有意化、思维条理化、经验系统化,使他们逐渐形成良好的社会性和个性品质,促进学前儿童更健康、更和谐地发展。适宜与促进本身就意味着适宜发展是"手段",而促进发展才是目的。

(四)游戏性

游戏是学前儿童生活展开的方式,是其最重要的活动形式。游戏能够促进学前儿童认知、情感和动作技能的发展,学前儿童在游戏中能够反复经历诸如观察、辨别、模仿、探索、创造、归纳、记忆、想象等认知过程,这会丰富学前儿童认知结构。同时,游戏有益于学前教育课程各学科的整合,诸如社会、科学、健康等领域都能够贯穿于游戏之中,最终促进学前儿童的综合发展。所以,游戏在学前教育课程当中居于非常重要的位置。

(五)特殊性

幼儿园是对3～6岁的儿童进行教育的专门机构,特定年龄阶段的教育必须要有特定的课程。学前教育课程具有自身的特殊性,从总体上来看,学前教育课程是基础教育课程的基础部分,是非义务教育课程,是终生教育的根基课程,是基础素质教育课程。因此,学前教育课程对象、目标、内容、实施都有特殊之处。

首先,学前教育课程的对象是 3～6 岁的学前儿童,这个年龄段的学前儿童对世界充满好奇,有着强烈求知欲望。学前儿童身心发展的特点、学习的特点是决定学前教育课程特殊性的关键因素。

其次,学前儿童教育的目标是促进学前儿童体、智、德、美等方面的和谐发展,而学前教育课程就是学前儿童教育目标的中介。因此,学前教育课程不但要顾及学前儿童身体的发展,还要兼顾其智力、认知、情感、性格等方面的发展。这就意味着学前教育课程应遵循保育和教育相结合的原则,不但要重视教育目标,更重要的是保证保育目标的达成。

再次,学前儿童处在身心发展的特殊时期,他们的思维是感性的、直观的,语言发展水平也较低。与此相适应,学前教育课程内容要能让学前儿童感知得到,应该是具体的、形象的,能激发学前儿童的兴趣,贴近学前儿童的日常生活。另外,学前教育课程内容不应该是以知识的逻辑体系组织起来的,而应该以生活的逻辑组织,要多样化、感性化富有趣味。总之,学前教育课程内容应该是具有强烈生活化的活动,是浅显的,易为学前儿童感知。

最后,学前儿童的抽象思维、逻辑思维的发展还属于初级阶段,甚至还没有形成;语言能力也很低,因此,学前教育课程的实施,不但要创设丰富的活动情境,还要注意营造自由、自主活动的氛围,让学前儿童产生互动的欲望,激发学前儿童与人交往的兴趣,并提供相应的帮助。

三、学前教育课程的类型

从不同的角度出发,学前教育课程可分为不同的类型。了解这些类型,将有助于我们进一步加深对学前教育课程的理解。

(一)根据课程的内容组织形式划分

依据课程内容的组织形式,可将学前教育课程分为领域课程和活动课程。

1.领域课程

从课程功能出发,课程领域是属于知识性课程,是从不同的分支领域中选取一定内容,根据社会规定的教育目的和学生的可接受性,把浩繁的知识内容加以适当的精心挑选,按照科学的逻辑合理地编排,转化为学科(领域)体系,构成相应的课程。

学前教育领域课程就是将学前教育课程分成若干个学科或领域,以学科或领域为单位组织和实施的课程。从我国的情况来看,一般将学前教育领域课程分为健康、语言、社会、科学、艺术五大领域。

健康领域课程的内容一般包括:建立良好的师生同伴关系,让学前儿童在集体生活中感到温暖,心情愉快,形成安全感、信赖感;与家长配合,培养学前儿童良好的饮食、睡眠、盥洗、排泄等生活习惯和生活自理能力;教育学前儿童爱清洁、讲卫生、注意保持个人和生活场所的整洁和卫生;密切教会学前儿童的生活进行安全、营养和保健教育,提高学前儿童自我保护意识和能力;开展丰富多彩的户外游戏和体育活动,培养学前儿童参加体育活动的兴趣和习惯,增强体质,提高对环境的适应能力等。

语言领域课程多是通过学说普通话,开展各类谈话、讲述、早期阅读,进行各类文学作品的学习与书写活动的准备等方式来为学前儿童提供语言学习与语言发展的机会,使他们通过这些教育活动获得相应的语言知识,并在日常语言交际过程中,对这些语言知识进行提炼和深化,最终提高他们的语言水平。

社会领域课程的内容包括引导学前儿童参加各种集体活动,让学前儿童学习初步的人际交往技能;为每一个学前儿童提供表现自己的机会,增强其自信心、自尊心;为学前儿童提供自由活动的机会,鼓励学前儿童进行尝试,不轻易放弃;以多种方式引导学前儿童在集体活动中认识、体验并理解基本的社会行为规则;教育学前儿童爱护公共财物和环境;积极寻求与家庭、社区的合作,引导学前儿童了解亲人以及身边相关行业人们的劳动,培养其爱劳动、爱护劳动成果的意识等。

科学领域课程的内容主要包括引导学前儿童探索和研究人体,关注、探究自然生态环境,探索、了解自然科学现象,探究、了解现代科学技术。

艺术领域课程的内容包括:引导学前儿童接触周围环境和生活中美好的人、事、物,丰富他们的感性经验和审美情趣,激发他们表现美、创造美的情趣;在艺术活动中面向全体学前儿童,要针对他们的不同特点和需要,让每个学前儿童都得到美的熏陶和培养;提供自由表现的机会,鼓励学前儿童用不同艺术形式大胆地表达自己的情感、理解和想象,尊重每个学前儿童的想法和创造,肯定和接纳他们独特的审美感受和表现方式,分享他们创造的快乐;在支持、鼓励学前儿童积极参加各种艺术活动并大胆表现的同时,帮助他们提高表现的技能和能力;指导学前儿童利用身边的物品或废旧材料制作玩具、手工艺品等来美化自己的生活或开展其他活动;为学前儿童创设展示自己作品的条件,引导学前儿童相互交流、相互欣赏、共同提高。

2.活动课程

活动课程又称经验课程,或学前儿童中心课程,是以实际问题解决为主要形式,以学前儿童自主学习和直接体验为基本学习方式,以个性养成为基本目标的一种课程类型。活动课程打破学科本身的逻辑,更注重学生的兴趣、需要和能力,更多地关注到当代社会生活和学前儿童的现实生活。

活动课程是我国当代学前教育课程模式之一,以认知主义理论为基础而提出的一种学前教育课程;将幼儿园中的全部活动分为学前儿童自选活动、小组活动和集体活动。在自选活动中,学前儿童按自己的兴趣愿望自由选择活动区域和活动方法,充分发挥他们的能动性和独立性,鼓励同伴之间的交往和合作。在小组活动中由学前教育教师制订计划,学前儿童分组活动。学前教育活动课程注重学前儿童的自主与参与,强调学前教育教师的"隐形指导",

(二)根据课程的表现形式划分

按照课程的表现形式可将学前教育课程分为显性课程和隐性课程。

1.显性课程

所谓显性课程,亦称"正式课程"或"正规课程"。显性课程是相对于"隐性课程"而言的,是指在学校课程体系中为实现一定的教育目标而设计的具有实际形态并以外显方式出现的课程,是按照预先编订课程表实施的有目的、有计划、有组织的活动。

相较小学来说,学前教育课程体系中的显性课程,在学校政策和课程计划中也许没有或者并无必要有明确规定,但在学前儿童现实教育生活中,那些确实在构成学前儿童在园学习经验中的常规,有效部分的教育实践和结果,都可视作显性课程。

2.隐性课程

隐性课程又叫潜在课程、潜隐课程、隐蔽课程。隐性课程主要通过感染、暗示、同化、激励和心理调适等多种功能改变着学生的情绪与情感、行为规范和生活方式,对学生起着潜移默化作用。

学前教育的隐性课程不仅包括有计划、有组织的课程,也包括无计划、无组织的课程;不仅包括在课堂学习中获得的知识和技能,也包括通过学校环境(包括物质环境、社会环境和文化影响等)而得到的知识、态度和价值观;在学习结果上,不仅包括学前儿童获得了预期性的学术知识,也包括获得的非预期的东西,例如,价值、态度、信念、情谊、人际关系等非学术内容。

第二节　学前教育课程的目标设计

一、学前教育课程目标的概念

教育目标是教育目的的下位概念,它所体现的是不同性质的教育和不同阶段的教育价值,如学前教育目标、基础教育目标、职业教育目标、高等教育目标等。在学前教育课程设计中,对课程目标的设计也是其中重要的一环,只有设计好学前教育课程的目标,才能以此目标为中心开展科学的课程教学。而要设计学前教育课程的目标,首先要清楚学前教育课程目标是什么。

从广义上来说,学前教育课程目标就是按照国家的教育方针,根据学前儿童的身心发展规律,通过完成规定的教育内容和学科内容,使学前儿童达到的培养目标。它受学前教育目的的制约,是总的人才培养目标的具体表现。而从狭义上来说,学前教育课程目标设置预先确定的要求学前儿童通过某门课程的学习所应达到的学习结果。据此,我们认为学前教育课程目标是幼教工作者对学前儿童在一定学习期限内学习效果的预期,是学前教育目的的具体化。

由于学前儿童阶段的身心发展水平与中小学生不同,因此,学前教育课程目标应有其自己的特点。首先,由于学前教育课程面向的是 3~6 岁的学前儿童,课程的设计需要考虑该阶段学前儿童的身心特点。其次,学前教育课程要指向多维度的发展,是一种全面发展。最后,学前教育课程目标要符合社会发展要求。由此可见,学前教育课程目标是一种依据学前儿童身心发展,指向全面发展的目标体系。教育部颁布的《3~6 岁儿童学习与发展指南》中规定的课程目标的核心是为学前儿童后继学习和终身发展奠定良好素质基础,促进他们在体、智、德、美各方面的全面协调发展。

二、学前教育课程目标设计应遵循的原则

学前教育课程目标的设计是指导整个课程编制过程中最为关键的准则。由于制约课程目标的因素较多，包括学前儿童、社会及知识等，学前教育目标的制定也就显得十分复杂。根据《幼儿园教育指导纲要（试行）》目标要求及《幼儿园工作规程》要求，结合不同层次课程目标的性质与特点，针对幼儿园在制定目标时常出现的问题，学前教育课程目标的制定应该遵循一些基本原则。

(一)整体性原则

学前教育课程目标的涵盖面要尽量周全，指向学前儿童的全面发展。这里的全面发展，不仅包括体、智、德、美各方面，而且，每一方面都要尽量涵盖情感态度、认识、动作技能的内容。

(二)连贯一致原则

学前教育课程总目标的实现要靠各个层次目标的层层落实最终才能得以实现，所以，在设计课程目标时，应遵循课程目标制定的连续性与一致性的原则。这需要做好下面的工作。

(1)各年龄阶段的目标要相互衔接，体现心理发展的渐进性与连续性。

(2)下层目标与上层目标之间，局部目标与整体目标之间要协调一致，每层目标都应该是上一层目标的具体化，以保证通过每一层、每个阶段及每一个具体教育活动目标的实现，从而最终实现总的大目标或长远宏观的目标。

(三)可行性原则

学前教育课程目标的设计应考虑到本地区、本园、本班学前儿童的实际情况，考量设计的目标是否能够通过幼儿园各方面的努力最终达到。另外，还需要考虑目标是否适合本班学前儿童的

身心发展水平,即考虑目标的可接受性。

(四)缺失优先原则

即"补偿性"原则。在设计学前教育课程纲要时,特别要在课程目标中把学前儿童现实发展中不足的、但又是理想发展所必需的方面凸显出来,并在课程的各个环节中给予特别的关注,以保障学前儿童基本的学习权和发展权。

三、学前教育课程目标设计的依据和方法

(一)学前教育课程目标设计的依据

2016 年 3 月起施行的《幼儿园工作规程》第一章第五条规定了幼儿园保育和教育的主要目标。

《幼儿园教育指导纲要(试行)》明确提出了健康、语言、社会、科学、艺术五个领域的内容与要求,设计并组织好这些教育教学活动,是学前教育教师首要的工作任务。

《3～6 岁儿童学习与发展指南》分别提出了 3～4 岁、4～5 岁、5～6 岁三阶段的学前儿童有效学习的特征,对各阶段学前儿童游戏与探索、主动性学习、创造力和独立思考能力发展水平提出合理期望,并指明了学前儿童学习与发展的具体方向。

学前教育课程设置应以本专科专业培养目标和以上文件为依据,结合学前教育课程的内容以及学前儿童身心发展的特点,使自己的课程设置更加完善,符合当前社会的发展和用人单位的需求。

同时,设计学前教育课程目标也需要对知识进行研究,因为知识具有其自身的特殊教育功能以及学科知识能起到的一般教育功能,学前教育教师要研究知识进而明确哪些知识适合学前儿童去学习、对学前儿童有什么教育价值、知识如何促进学前儿童的发展等问题,才能设计出适宜的课程目标。

此外,设计学前教育课程目标,还要研究社会的需要,了解社

会对人才素质的需要标准,对学前儿童成长的期望和要求,从而确定学前儿童应当具备哪些素质,明确学前教育培养的方向。

(二)学前教育课程目标设计的方法

在建构学前教育课程目标体系时,特别是在将上一层目标(一般比较宏观、概括)转化为具体的下一层时,应将纵、横两个维度结合起来考虑。

以体、智、德、美四育与认知、情感、动作技能三种心理成分的交叉结合为例,我们可以看到,体育、智育、德育、美育任何一方面都含有认知、情感、能力三种发展内容,同样,认知、情感、能力任何一方面都必须体现体、智、德、美四方面的教育内容,两个维度上各成分的结合,便可能形成一项目标,如将各成分再做细致的分解(将认知分为记忆、理解、应用三个层次,将智育分成语言、数学、科学三部分内容),各个子成分的交叉结合,便可能产生出一个更完整系统的课程目标体系来。具体包括:(1)学前教育课程方案整体目标的设计;(2)各领域目标的设计;(3)教育活动(单元和具体活动)目标的设计。

四、学前教育课程目标的表述

目标是对学前儿童学习结果的预期,它既对教育行为起导向作用,又是检验教育效果的标准。因此,在设计时也需要注重表述的准确和清晰。

(一)表述的角度

学前教育课程目标可以从不同的角度进行表述,目前最常用的表述方式基本有以下两种。

1.从学前教育教师的角度表述

从学前教育教师的角度表述,指明学前教育教师应该做的工作或应该努力达到的教育效果。常用"培养……""教育……""引导……""要求……"等方式表述。例如：

帮助学前儿童获得形状、颜色、大小、分类、顺序等概念；

鼓励学前儿童提出问题，对事物进行比较，找出相互之间的联系；

使学前儿童体验到在幼儿园生活的乐趣以及靠自己的能力行动的充实感；

增进学前儿童对周围环境的认识……

2.从学前儿童的角度表述

从学前儿童的角度表述，指明学前儿童通过学习应达到的发展。常用"感受……""理解……""喜欢……""参与……""能够……"等方式表述。例如，能用听觉辨别不同的物体；喜欢参加小制作活动，感受成功的欢乐；知道简单的安全和保健常识，并能够运用……

对于这两种表述方式，更多的人倾向于使用后者。因为它可以让学前教育教师将教育活动的关注点更多地放到儿童的"学"、儿童的发展上，而克服以往学前教育教师较多注意自己"教"的行为。

(二)表述应注意的问题

不同层次的目标要有不同的表述方法，一般来说，总目标是无法表述得太具体的，只能原则性地指出目标涵盖的范围和方向。其余各层皆应是总目标的具体化。目标层次越低，应表述得越具体、越具有可操作性。

对于行为目标来说，一般有如下要求。

(1)行为目标以其具体、明确、易操作、评价的特点，在教学活动中运用得十分普遍。

(2)不能把视线仅仅放到学前儿童具体的、外显的行为上，而忽略内在品质的培养，也要注重对学前儿童内在品质的培养。

对于单元目标来说，一般有如下要求。

（1）表述要明确，与上层目标的关系要密切，要比较直接。

（2）目标的涵盖面要广，应包括知识的学习、能力的培养、操作技能和情感态度方面的学习。

（3）目标要有代表性，每一条均是单独的内容，不要交叉重复。

第三节　学前教育课程的内容选择

学前教育社会领域课程涉及很多其他学科的知识。这些学科的知识，以错综复杂的形式存在于社会和生活之中，以一种变化了的方式进入学前教育社会领域课程中。在这种情况下，如何科学地选择课程内容就成为学前教育课程设计必须考虑的一个重要的问题，本节主要对这部分内容进行分析。

一、学前教育课程的基本内容

学前教育课程内容是指依照学前教育课程目标选定的通过一定的形式组织和表现的基本知识、基本态度、基本行为。学前教育课程内容是实现学前教育课程目标的手段，课程内容必须为实现课程目标服务，课程目标指导着课程内容的选择与组织。学前教育课程目标服务于学前教育的整体目标，必然涵盖体、智、德、美等各个方面。也就是说，通过学前教育课程内容的学习，期望学前儿童能够获得全面的、和谐的发展。

一般来说，学前教育课程内容应包含三方面的内容，即基本知识、基本态度、基本行为。这既是对学前教育课程内容在价值上所作的判断，又是对学前儿童认知心理结构认识的结果。在对学前教育课程内容的认识上，有人倾向于认为它是教材，有人倾向于认为是学前儿童的学习活动，有人则认为学前教育课程内容应该就是学前儿童的学习经验。这些看法各有所长，确定学前教育课程内容时应对其全盘考虑，取其长处。同时，从学前儿童的认知心理结构来看,认知过程包含情感、认知、动作技能几个方面,如果我们撇开情感、动作技能而只留下认知,或者撇开任何两个方面而只留下一个方面,都将违背学前儿童认识发展的客观规律,不利于学前儿童的认知发展。基于这样的认识,学前教育课程内容必须涵盖知识、态度、行为三方面的内容,缺一不可。

二、学前教育课程内容选择常出现的问题

在学前教育课程内容的选择过程中,常常出现以下问题。

(一)课程内容超载

课程内容超载是学前教育课程内容选择中的最突出问题,一般有两种情况,一种是容量过大,表现在幼儿园里开设了名目繁多的特色班或兴趣班,有形形色色的园本课程等;另一种是难度过高,超出学前儿童所能接受和理解的程度。结果是机械记忆,生吞活剥。这两种情况不仅不能有效地帮助学前儿童获得有益的学习经验,反而造成了沉重的学习负担,破坏了他们的学习兴趣,损害了他们的自信心。

(二)目标流失

在学前教育课程内容的选择中,常常出现这样一种情况:在以目标为依据选择教育内容(或目标向内容转化)的过程中,一部分目标"流失"了,即失去了保证这些目标实现的"依托"。例如,许多幼儿园为了迎合家长"不让孩子输在起跑线上"的心理需求,经常选择读、写、算、英语、电脑等学科知识作为课程的主要内容,为了满足家长对外语、计算机、艺术等更精深的要求,甚至直接打出双语幼儿园、艺术幼儿园的招牌,吸引家长,扩大生源,这种做法造成一部分目标的缺失,使学前教育课程内容背离了课程目标的要求,从长远看,对学前儿童的发展不利。

(三)课程内容脱离、远离学前儿童的生活

课程内容远离生活甚至脱离生活,是一个经常出现的老问题。表现为学前儿童学习的内容离他们的生活经验很远,也不是他们的兴趣和需要所在,于是他们学习时常常是有口无心,或半生不熟地"异化"知识。比如,他们会很认真地告诉你"一粒米肚脐眼"(一粒米不起眼),"看到人来车往,吓得我直啰唆(哆嗦)",等等。而且,课程内容出现西方崇拜、城市化价值取向严重,脱离课程的文化背景和地域特点,造成课程资源浪费和课程实施低效或无效。

三、学前教育课程内容选择的要点

(一)综合各领域课程的内容,促进学前儿童全面发展

学前教育课程内容的选择从最终的目的来看,是要促进学前儿童的全面发展,应能满足学前儿童身心各方面的发展需要,这包括身体、认知、语言、社会性、情感、创造性等方面,并使这些方面发展平衡。同时,学前儿童的经验是整合的,不是分科的,因此在制定课程的时候需要考虑学前儿童的学习具有整合性、综合性的特点;在制订教学计划和选定课程的时候,需要综合考虑各领域课程对学前儿童某方面发展的特殊教育作用,考虑各领域内容安排的平衡性、综合性,这样才有利于学前儿童身心的全面和谐发展。

(二)选择适宜学前儿童年龄特点的课程内容

在教育学中,对"适宜"含义的理解有两个方面,一是适应需要,二是促进发展,概括来说,就是"既适合学前儿童的现有水平,又有一定的挑战性"。就课程内容而言,符合"最近发展区"目标的内容是适宜的。"最近发展区"在考虑学前儿童已经达到的发展水平的同时,也在进一步考虑在成人和更具能力伙伴的帮助之

下他们将达到的潜在水平,适宜的课程内容处于两者之间。所以,分析所面对的、现实中的幼儿,是选择学前教育课程内容时遵循适宜性原则的关键。

(三)选择贴近学前儿童生活的课程内容

学前教育课程内容只要密切联系学前儿童的实际生活,就可以达到内容的时代性与丰富性,并且有助于学前儿童的学习、理解和应用。例如,物体的运动、动物、植物、简单自然现象等,这类内容一方面可利用学前儿童的已有经验增强学习过程中的主动性;另一方面,通过发现每天司空见惯的事物或现象中的"问题"及新异性,可使学前儿童逐渐具有一双善于"发现"的眼睛。科学家、发明家与常人的最大区别之一,就在于有无这双发现的眼睛。从小让学前儿童养成发现、思考的习惯,这本身的价值就是无法估量的。

(四)选择容易引起学前儿童兴趣的课程内容

"兴趣是最好的老师。"兴趣具有一种动机力量,能使人进入一种"情感性唤醒状态",产生一种吸收信息、扩展自己的倾向,为观察、探索、追求和进行创造性努力提供可能性。因此在选择学前教育课程内容时也应注意那些容易引起学前儿童兴趣的课程内容。这就需要学前教育教师一方面要关注学前儿童的兴趣,从学前儿童感兴趣的事物中选择具有教育价值的课程内容。例如,学前教育教师注意到学前儿童在"动物乐园"中喜欢根据绒毛玩具的外形、色彩等特征猜动物名,于是教师在设计教学活动"动物的尾巴"时,设计了教学环节:看尾巴猜动物。另一方面要关注必要的课程内容,使之转化为学前儿童的兴趣。有些课程内容学前儿童不感兴趣,但是从学前儿童长远的发展来看是有必要的,那么,就需要教师巧妙地引导,使之转化为学前儿童感兴趣的内容。

四、学前教育课程内容选择的方法

学前教育教师在选择学前教育课程内容时需要努力整合不同方面、不同领域的教育内容,同时要充分顾及学前儿童的兴趣、需要和能力,更应注重家庭、社区、教育资源的开发利用,另外还不可忽视隐性课程的重要影响和积极作用。为此,可通过以下方面选择学前教育课程内容。

(一)预设课程内容与生成课程内容相结合

预设课程内容是指教育者在教育活动之前制订的教学方案及其教学手段,一般情况下以文本教案为主要表现形式;生成课程内容则是指在教育活动过程中师生通过教育行为产生的新的兴趣点、知识点或价值判断。教育者要根据实际将两者有机地结合才能最大地发挥教育的功能。

(二)分科课程内容与综合课程内容相结合

分科课程是以学科为单位对课程内容进行编制的一种方式。这种方式有利于学前儿童获得系统的知识,但由于科目分化容易造成忽视各科目间的联系以及组织教育教学活动时忽视学前儿童的生活经验和兴趣。这种组织形式强调不同学科知识体系自身的逻辑,按照科目自身组织的系统性组织教材,能使学习者获得较为系统的知识技能,有利于认知能力的提高。但是这种组织形式带来的缺陷是忽视学科之间的联系,各科平行孤立,分别传授,在实施中容易出现重视教材、重视上课、重视教师的传授,忽视生活、忽视其他教育活动形式、忽视学前儿童等弊端。这种情况下,就可以将分科课程内容与综合课程内容相结合,即将传统的单一的学科知识传授课程向跨学科的多学科融合化的课程整合;将传统的单一的课堂教学向一日活动、家庭、社区多种范围的整合;将传统的以教材为蓝本的课程向从实际出发,因地制宜综合利用各种教育资源的整合。即"各领域的内容要有机联系,相互渗透,注重综合性、趣味性、活动性,寓教育于生活、游戏之中"。一般来说,幼儿园课程内容以五大领域为主,即社会领域、科学领域、语言领域、艺术领域、健康领域。这五大领域就是对学科知识的融合,要比分学科更适合幼儿的思维特点。

第四节　蒙台梭利和瑞吉欧的学前教育课程方案探知

在学前教育课程设计中,有两种课程方案在学前教育领域占据十分重要的地位,这就是蒙台梭利和瑞吉欧的学前教育课程方案,本节主要对它们进行分析。

一、蒙台梭利的学前教育课程方案

蒙台梭利是意大利幼儿教育家,被誉为在世界幼儿教育史上,自福禄贝尔以来影响最大的一个人。蒙台梭利早年从事医学工作,研究智力缺陷儿童的心理教育问题,后来将对智力缺陷儿童的教育方法运用于正常儿童,创立了蒙台梭利学前教育课程。1914年至1935年,蒙台梭利的课程教学流行于欧洲,后因法西斯政权被禁止,第二次世界大战以后,这种课程再次受到欧洲各国的欢迎。至今,蒙台梭利在学前教育中仍然有着广泛的影响,蒙台梭利课程在全世界许多国家仍然可以见到。

(一)课程方案的特点

蒙台梭利学前教育课程方案是以科学的方法为根本的教育,是对学前儿童实施素质教育及潜能开发的优秀教育模式,它有以下几方面的特点。

(1)反对以成人为本位的教学观点,视学前儿童为有别于成人的独立个体。

(2)反对以教师为中心的填鸭教学,主张由日常生活训练着手,配合良好的学习环境、丰富的教育内容,让学前儿童自发地主动学习,自己建构完善的人格。

(3)学前儿童在特定的时期会出现特定的喜好倾向,应结合他们的喜好开展教育,便可收获最大的学习效果。

(4)教师应扮演导师的角色,而要扮演好这一角色,教师必须对学前儿童的心灵世界有深刻的认识和了解,对学前儿童的发展状况了如指掌,这样才能提供他们适时、适性的协助与指导。

(5)最终目的是透过环境的设计、教具的操作,使孩子一步步建构完善的人格。

(6)要求教师根据学前儿童发展的进程,对不同特点的学前儿童进行因材施教,不搞"一刀切"式的教育。

(7)让不同年龄的学前儿童在一起,可使较小的学前儿童有不同年龄层的模仿对象,而较大的学前儿童则可以从帮助年幼的学前儿童中增强自己的知识和能力。

(8)摒除单一奖惩制度,尊重学前儿童,培养他们正在萌芽的尊严感。

(9)尊重学前儿童内在需求,让孩子适时、适性地成长,短期内不易察觉成果,但却会在某一时间以爆发的形式,彰显出他们内在的心智发展水平。

(二)课程方案的内容

在蒙台梭利课程方案中,教育内容包括日常生活练习、感官训练、数学教育和文化科学知识学习,学前教育教师通过创设环境、提供蒙台梭利教具、对学前儿童进行观察和引导等方法,对学前儿童实施教育。

1.日常生活练习

日常生活练习是蒙台梭利教育方案中的基础内容,是其他工作进行的铺垫。它主要包括以下内容。

(1)基本动作练习

走、坐、舀、抓、倒、夹、绕线走等。

（2）对自己的照顾

盥洗的工作、使用筷子、折毛巾等。

（3）对环境的照顾

打扫的工作、擦镜子、擦银器、擦地板、插花、摆放工作毯、摆放桌椅等。

（4）与他人的交往

礼貌应答，打招呼、危险物品的递交等。

开设日常生活练习可以通过模仿家庭环境的空间，使学前儿童在"儿童之家"中获得安全感和舒适感，稳定他们的情绪，进而在练习中形成健全人格。同时，开设日常生活练习也可以为学前儿童提供集体生活的机会，在集体生活中，逐步学习和适应与他人进行交往的技巧和规则。

2.感官训练

感官训练是蒙台梭利教学法的主要特点，旨在通过视、听、触、味、嗅等感官的训练，增进儿童的经验，让儿童在考察、辨别、比较和判断的过程中提高自己的能力。为了进行感官训练，蒙台梭利设计了 16 套教具，这些教具包括以下方面。

（1）视觉教具

粉红塔、棕色梯、彩色板、二倍体、二项式、三项式、几何嵌图橱等，这些教具主要用于鉴别物体大小、高低、长短、高矮、颜色等差异，锻炼学前儿童观察、鉴别、判断、比较、区别、归类等能力（图5-1）。

图 5-1　蒙氏教具——粉红塔和棕色梯

（2）听觉教具

听觉筒，在相同形状和颜色的小木筒内放入不同质地的材料，儿童在摇动时感知声音的差异（图5-2）。

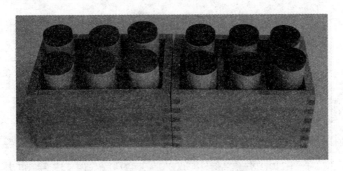

图 5-2　蒙氏教具——听觉筒

（3）嗅觉教具

嗅觉筒，在形状、颜色相同的小木筒或者容器内放入不同的安全材料，如花瓣、香精、碘酒、调味料等，使得儿童感知气味差异（图 5-3）。

图 5-3　蒙氏教具——嗅觉筒

（4）触觉教具

砂纸板、温觉板、重量板等，主要用于感知物体冷热、轻重、厚薄、光滑与细腻等差异（图5-4）。

图 5-4　蒙氏教具——触觉板

（5）味觉教具

味觉瓶，在相同的容器内，放入安全的材料，供学前儿童进行品尝，感知味道的差异（图 5-5）。

图 5-5　蒙氏教具——味觉瓶

感官教育的内容并不是完全区分开的，许多教具可以同时完成多种感官练习，同时，感官练习还为后面的数学学习内容进行铺垫。

3. 数学教育

蒙台梭利把读、写、算组成的学习作为一个整体。蒙台梭利还设计了一套数学教育教具，帮助幼儿掌握 10 以内的计数活动、10 以内的四则运算等。例如，为了让儿童理解 0～10 的数字和数量，可运用的教具有数棒、砂数字板（图 5-6）等；为了让儿童认识十进位的基本结构，可运用的教具有金色串珠（图 5-7）。数学教育旨在增进儿童的逻辑思考、问题解决及推理等能力。

图 5-6　蒙氏教具——数棒与砂数字板

图 5-7　蒙氏教具——金色串珠

4.文化科学知识学习

文化科学教育内容包括天文、地理、植物、动物等内容,学习前人创造的智慧文化的财富来丰富精神和增长教养,因此蒙台梭利也主张让学前儿童通过学习,培养他们爱科学的情感,帮助他们掌握认识事物的方法培养幼儿的好奇心、求知欲。引导学前儿童接触周围世界,增强环保意识,获得科学经验,学习民族文化,培养民族自豪感。

(三)课程的实施

蒙台梭利的学前教育课程以这些教具作为课程的重要支撑,所以学前儿童只要找自己的进度与操作的教具,就可以按自己的能力去发展,无须他人指点。

蒙台梭利认为在教育上,环境扮演着十分重要的角色,教育过程的组织则以环境为基础,学前儿童要从环境中吸收所有的东西。因此,教师要为学前儿童提供有准备的环境。适合学前儿童的"有准备"的环境应该包括下面的特点。

(1)有规律、有秩序的生活环境。

(2)提供有吸引力的、美的、实用的设备和用具。

(3)允许学前儿童独立地活动,自然地表现,使学前儿童能意识到自己的力量。

(4)丰富学前儿童的生活印象。

(5)促进学前儿童智力的发展。

(6)培养学前儿童的社会性行为。

遵循以上标准以及学前儿童的身心特点,蒙台梭利为学前儿童提供安全、真实且适合学前儿童的环境,室内外环境则根据课程的内容领域提供各种活动的区域,让学前儿童在不干扰他人的情况下自由选择活动环境。学前儿童由此引起的自我知觉、自我支配的动机,有助于课程的实施。在这种环境中,学前儿童能按照自己内部的需要、自身发展的速度和节奏来行动,并在这个过程中表现出热爱秩序、严肃认真、长时间集中注意力、尽最大的努力反复进行某种操作而不感到疲倦等优秀品质和惊人的智慧。

二、瑞吉欧的学前教育课程方案

瑞吉欧是意大利东北部的一座城市,自 20 世纪 60 年代以来,洛利斯·马拉古齐和当地的幼教工作者一起兴办并发展了该地的学前教育。数十年的艰苦创业,使意大利在举世闻名的蒙台梭利之后,又形成了一套"独特与革新的哲学和课程假设、学校组织方法以及环境设计的原则"。人们称这个综合体为瑞吉欧教育体系,在这个教育体系下形成了瑞吉欧的学前教育课程方案。

(一)课程方案的特点

瑞吉欧教育课程方案的最大特色是来自学前儿童的生活,课程与教学必须能够激发学前儿童的兴趣,激发学前儿童的创造性思维并获得解决问题的知识与技能,促进学前儿童人格全面、和谐地发展。瑞吉欧教育在课程方案上的特色主要有以下几点。

（1）课程是事例的，没有科目分类。

（2）课程是连续的，强调为学前儿童提供适合其发展水平的个性化的课程。

（3）方案教学是主要的课程和教学模式，多采用小组讨论的形式，以尽可能地完善相互依存和联合的知识建构过程。

（4）课程不是预先设计好的，而是产生于活动过程中的开放的生成课程。

（5）在课程与教学中为学前儿童提供与丰富、复杂的环境和问题接触的机会，以此促进学前儿童与社会的相互依存，而不是相互隔离。

（6）学前儿童以小组活动为主的形式与教师一起合作探索他们感兴趣的问题，这类方案活动可以起始于学前儿童对物质世界或社会的好奇心（如影子有什么性质？为什么有那么多人？），或者出自学前儿童的某种主张（如我们能不能为鸟造一个乐园？），或者发源于学前儿童对哲学两难问题的思考（如敌人能否成为朋友？）。

（7）为学前儿童提供大量的材料，鼓励学前儿童通过各种可表达的、交流的和认知的"语言"，探索他们周围的环境并自由地表现和表达他们自己。这些语言可以是谈话、运动、绘画、建造、雕刻、皮影戏、拼版、戏剧表演或者音乐等。

（8）强调学前儿童学习和发展中社会交往的重要性，相信学前儿童在作用于材料的过程中有与他人进行交流自己想法的需要，并在与他人相互作用的过程中与他人共同建构知识。

(二)课程方案的目标

瑞吉欧学前教育体系的课程继承和发扬了杜威的"教育无目的论"。因为在杜威看来，教育的目的是教育者在不同阶段根据不同的教育内容而制订的，教育目的是发展的、可变的，并不是真正的无任何目的的。瑞吉欧学前教育课程设计体现了杜威教育目的观。课程必须要有大的规划,教师预先设定总的教育目标,但不为每个子项目或活动设定特定的目标。瑞吉欧学前教育课程目标强调在活动中生成,以及目标和活动的统一。马拉古兹也曾说过:"目标很重要,不应消失在视野中。"因此,该体系只在其方案活动中提出一般性的教育目标,这种目标是教师根据对学前儿童的了解和对可能发生情况的预见所制订的一种弹性目标,是可变化、可发展的。尽管如此,该体系的课程还是具有一定的目标和追求,教育者们所追求的目的是让学前儿童能愉快、幸福、健康地成长。其中,主动性、创造性又被视为这些目标的前提与核心。

(三)课程方案的内容

瑞吉欧没有明确规定的课程内容,更没有固定的"教材"或预先设计好了的"教育活动方案"。课程的内容来自周围的环境,来自学前儿童生活中感兴趣的事物、现象和问题,来自他们的各种活动。

日常生活是取之不尽的课程内容的资源。瑞吉欧的课程实践表明,并非经验的新颖或奇异决定学前儿童的兴趣和学习的意义;恰恰相反,充分地揭示日常生活的意义对学前儿童更具深刻的价值和趣味。广场上的狮子雕像、城市中的雨和雨中的城市、人群、影子……都是学前儿童探索的好题目。

除了围绕自己感兴趣的事物和问题开展研究"方案活动"外,学前儿童,尤其是年龄小一些的学前儿童还从事许多其他活动:积木游戏、角色游戏、听故事、游戏表演、烹调、家务活动以及穿衣打扮等自发性的活动,还有许多如颜料画、拼贴画和黏土手工等。

第六章　学前教育中的游戏运用与指导

　　游戏,是学前儿童的天性,所有学前儿童都曾做过或正在做着游戏。通过游戏,学前儿童能体会到快乐和满足,在游戏中学前儿童也能更好地进行相关体验,因此它也是培养学前儿童兴趣、能力,促进学前儿童身心全面发展的最佳手段。正是因为意识到游戏在学前教育中的重要作用,我国也开始提倡学前教育游戏化,提倡学前教育教师在开展学前教育时,应将游戏融入教育活动中,能使课堂"焕发出生命的活力"。本章即对这部分内容进行分析。

第一节　游戏的精神

　　"游戏"一词对大众来说极为耳熟能详,没有哪个人从小没有玩过游戏。人类的生存方式需要以游戏作为生活调节剂和心灵释放的驱动力,对于学前儿童更是如此。作为人类历史悠久的文化现象,游戏是人的一种存在方式,我们不仅可以看到有游戏材料、游戏主题、游戏规则等,在一定空间中进行的具体实体性活动的游戏,我们还可以体验到游戏具有某种内在的品质,游戏也可以作为一种精神特质来理解,作为一种精神状态而存在。

　　从学前教育的层面来说,游戏精神是指体现学前儿童游戏活动诸特点的一种心理状态,以及在这种心理状态支配下学前儿童对待事物的主观态度。它包含两方面的内容,一方面指游戏者在游戏中表现出来的精神特质,是对参与游戏的人的主观意识、思维等存在状态的指称,另一方面指游戏活动的精神即游戏活动的内在本质和品格。概括起来,在学前教育中,游戏的精神主要表现为自由的精神、体验的精神、对话的精神与和谐的精神。

一、自由的精神

首先,游戏是参与者自觉自愿的行为,他们因为对游戏的喜爱而参加游戏,游戏完全是游戏者出自内部要求的自愿选择,任何一种外界因素都无法产生这种生命内在的要求。

其次,从游戏的发起,过程的展开,场景的布置,规则的制定,材料的选择,同伴的选取,手段的运用,情节的发展,结果的把握等,都由游戏者决定,或者与同伴协商解决。

可以说,在游戏的世界里,一切皆有可能,一切皆可发生。但游戏的自由并不意味着游戏可以毫无限制。游戏有隐含在游戏之中由游戏活动本身所规定的内隐规则,有为了游戏活动的顺利进行,在游戏开始前由游戏者规定的外显规则。游戏规则约束游戏者不能按自己的直接冲动而是按游戏的需要去行动。自由和规则在游戏中并不矛盾。因为规则是游戏者共同协商,在共同理解的互惠互利基础上制定的,因此,游戏的规则是游戏者自愿接受、自觉遵循的一种内部自我限定,是游戏者的一种主动认可,其目的是用于协调和评判游戏行为,使游戏得以顺利进行。

二、体验的精神

游戏虽然是假想和虚构的,但是学前儿童在游戏中体验到无限的乐趣、新奇感与成功感。同时,游戏中,学前儿童也可以形成敢作敢当、不怕失败、勇于探索、勇于尝试的品质,体验游戏活动的新奇感与成功感始终伴随着学前儿童,因此游戏性体验也是游戏者不可缺少的心理成分,是游戏者在游戏过程中的实在获得,是游戏存在的魅力所在。

同时,游戏的体验精神表现在游戏是一种情不自禁地沉迷其中、专心致志、物我两忘的心理状态,游戏者完全沉浸和醉心于游戏中,摆脱了一切怀疑、恐惧、压抑、紧张和怯懦,深刻而生动地体验到生命精神的展示与释放，达到与游戏的完全融合。

此外，游戏过程是一种胜任感体验的过程。在游戏中，学前儿童自己支配游戏主题、游戏情节、游戏角色以及游戏规则，体验了那份专著与执着。学前儿童之所以在游戏中能够表现出那种专著与执着，表现出坚忍不拔地克服困难和锲而不舍的精神，是因为学前儿童认为自己能胜任游戏任务。

三、对话的精神

在游戏活动中，愉快的游戏氛围能使游戏者忘却现实的身份，共同成为平等参与的主体，只依据游戏中的角色差异，相互合作，彼此接纳，从而开展积极的对话。例如，在捉迷藏游戏中，不同的学前儿童个体会在找人与隐藏的活动中开展积极的对话，一方意在极力隐藏自己，另一方则要努力将隐藏者找出来，在这个过程中，双方就必定会展开积极友好的交流与对话，从而为学前儿童与他人交际、享受社会氛围的熏陶奠定了基础。

四、和谐的精神

游戏是一种外在手段和内在目的相统一的活动，它是一种人通过自身的力量促进自身健康发展的活动。在游戏中，人可以暂时摆脱无法把握的外在力量和生命的有限性，摆脱现实生活中的种种束缚，使人得到自由，获得生命愉悦和满足。游戏活动是人的生理、心理、社会性等身心要素全部卷入其中的活动，是满足人身心多种发展需要的活动，是使人身心和谐发展的活动，它满足了人新陈代谢和生长发育的需求，认知的需求，社会性发展的需求，自我实现的需求。就学前儿童来说，正是在深度参与和体验的游戏精神中，学前儿童的认知与情感、意志与想象、直觉与动作才会融为一体，也正是在假装与幻想、欢乐与忘我、开拓与创造中，学前儿童才得以在现实世界与想象世界、主观世界与客观世界之间自然地进入一种物我两忘、主客融合的状态，自我世界、自然世界、社会世界达到和谐与统一。

此外,游戏和谐的精神还表现在游戏虽然让人着迷,但游戏与现实处于一种和谐对话的状态。游戏主体在游戏中处于"潜伏"的状态,使游戏与现实保留一种建设性的关系。即学前儿童在游戏中并没有完全被游戏所控制,他们具有在游戏与现实生活中自由往返的能力。

第二节　学前儿童游戏的特征分析与价值所在

现代学前教育理论认为,游戏是学前儿童学习的主要方式,对学前儿童的身心发展都具有十分重要的影响。因此,近年来在学前教育过程中,学前教育教师也在逐渐增加游戏在学前教育中的融入力度。而要做好学前教育中游戏的运用,首先要清除学前儿童游戏的特征及其价值,本节就对这部分内容进行分析。

一、学前儿童游戏的特征分析

游戏是学前儿童的活动,是学前儿童期普遍存在的活动。从学前儿童的游戏与学习活动、劳动活动的对比中,我们可以看到游戏具有这样一些特征。

(一)游戏是学前儿童自发的活动

学前儿童选择某种游戏只是因为他们喜欢这样做,而不是为了达到某种目的或者得到某种回报。所以,学前儿童游戏是一种自发的、没有外在目的的活动。一个孩子出于对绘画感到一种内在身体机能的快乐和审美的需要而自己要去画画,与一个孩子为了得到成年人的夸赞而去画画,活动的内容和形式虽然一样,但活动的动机不同,前者是出于对活动的内在兴趣,后者为了一个外在的目的,显然活动的性质是不同的,前者是游戏,后者却是工作。学前儿童在游戏中享受的是游戏活动的本身,而不是为了获得游戏之外的奖赏,所以我们常常会观察到孩子反复将搭好的积木推到再重建,乐此不疲。

(二)游戏是学前儿童对现实生活的反映

游戏的主题,游戏的内容,都不是学前儿童凭空想出来的,也不是学前儿童主观臆造的,更不是学前儿童头脑里固有的,而是对周围现实生活的反映。在日常生活和活动中学前儿童看到许多事物和现象,如人们的劳动、人的行为、人与人之间的关系,于是在游戏中学前儿童常常把印象最深刻和最感兴趣的事情和现象反映出来,如学前儿童喜欢模仿爸爸妈妈的语言和动作,模仿司机、医生。人的思想、意识是人脑对客观现实的反映。学前儿童游戏是学前儿童对自己的生活和经历的反映,有什么样的生活,就有什么样的游戏。因此,现实生活是学前儿童游戏的源泉,游戏是现实生活的反映。

(三)学前儿童游戏具有随意性

学前儿童进行游戏时,是很自由自在的,在游戏中,他们可以自由表达自己的内心世界,表现个人的潜在能力。游戏不要求务必达到既定的目标,也没有严格的程序和活动方式。学前儿童在游戏中玩什么、怎么玩、玩多久等,都可以由自己决定,他们往往满足于活动过程而不在乎结果。例如,学前儿童在插片时,可以随意插,一会儿插电扇,一会儿插花篮;在玩攀登架时,他们可能会攀爬,也可能只坐在上面,还有可能来回钻着玩等。可见,游戏和其他活动相比,更具有随意性,因此,在游戏中可以最大限度地发挥学前儿童的主动性,促进他们的感觉、知觉、记忆、意志等的发展。

(四)学前儿童游戏是充满幻想的活动

学前儿童在游戏中不是机械地模仿、对周围生活的翻版,而是通过想象,脱离真实的情景,将日常生活中的表象组合成新的表象运用于游戏之中。在游戏中学前儿童通过对现实物体、材料的借用,把它们假想、替代成游戏所需要的物品来模拟现实生活中的行为。通过想象,学前儿童会把椅子当成"车",坐在椅子上当"小司机",游遍全国各地;通过想象,学前儿童会把一个小水盆当作大海,指挥着树叶"轮船"乘风破浪;通过想象,学前儿童会把自己当作妈妈,辛勤地做饭、洗衣,细心地照顾布娃娃"宝宝"……

（五）学前儿童游戏包含着积极的约束

学前儿童游戏并非毫无约束和限制,游戏中的个体具有一定的自我约束力。即使是单调的插棒游戏,他们也不会忘记自己的"目标"与规则,这一特征与游戏的自主性紧密相关。例如,在建构游戏中,学前儿童需要对自己的注意力和动作进行不断的调节和控制,养成坚持性,在活动中学习克服困难,尝试解决问题,完成搭建任务;在角色游戏中,学前儿童为了符合角色的要求和游戏的情景,也要主动克制自己做出符合角色身份的行为,比如,娃娃家的"爸爸"不随便吃东西。因此,有人说:"学前儿童不是由于自由才进行游戏,而是在游戏中变得自由了。"

二、学前儿童游戏的价值所在

游戏是学前儿童的生活方式,也是学前教育的存在方式。以自由、和谐为内涵的游戏活动是人童年生活中的快乐,也是最适合学前儿童的一种活动形式。游戏不仅对学前儿童有娱乐作用,而且对他们的身体、智力、情绪和社会性等方面有重要发展的价值。

（一）游戏对学前儿童身体健康的价值

学前儿童有身体活动的需要。他们好动,总是一刻不停地做各种动作探索这个世界。学前儿童的骨骼肌肉在生长发育的过程中需要不断地补充营养、氧气。一天当中,学前儿童需要充足的时间去活动,而游戏是一种积极的受学前儿童喜爱的身体活动。学前儿童在游戏中可以自由地变换动作、自由地重复感兴趣的动作和活动,不但使身体随时保持最佳的舒适状态,而且可以使学前儿童产生愉快的情绪体验。由此可见游戏可以满足学前儿童身体活动的需要,促进学前儿童身体的发展。

同时,游戏活动发展了学前儿童的基本动作和基本技能。以跑、跳、钻、爬、攀登等为主要动作的体育游戏,能锻炼学前儿童大肌肉活动能力;插塑、穿珠、搭积木等游戏,能发展学前儿童手部小肌肉的活动能力和手眼并用、协调的能力。

此外,游戏给学前儿童带来愉快和满足,而愉悦的心情是学前儿童身体健康所必需的。情绪与人的身体健康有密切关系,长期处于紧张或焦虑等不良情绪状态,会造成食欲减退、消化不良、心跳加速、血压和呼吸不正常等病态。游戏最适合学前儿童的生理和心理特点,学前儿童游戏时总是快乐的,轻松愉快的情绪对学前儿童身心健康发展有积极作用。

(二)游戏对学前儿童认知发展的价值

学前儿童在游戏中,可以对自己感兴趣的事物进行多样化的探索,根据自己的兴趣和好奇心来模仿和再现周围的人和事物,来使自己理解和影响环境的需要得以满足。游戏可以满足学前儿童认知发展的需要,各类游戏对学前儿童认知发展均有积极的促进作用。

首先,游戏可以扩展学前儿童对周围环境,以及周围事物的认识,通过游戏活动,学前儿童可以接触到各种游戏材料,明白各种游戏材料的性质、用途及其组合方式,获得了相关事物的经验。比如,通过玩水游戏,学前儿童对水流的认识会大大扩展,不仅知道了水可以流动、水可以溶解部分固体,也知道了水具有浮力性,同时还知道了装水要用密闭的容器,如水桶、水壶等。又如,通过各类角色扮演游戏,学前儿童对自己所扮演的角色的社会责任、职务功能等会有更深入的了解,知道这些角色在社会中可以带给别人哪些帮助,从而加深了对社会生活的认识。

其次,游戏可以发展学前儿童的语言能力,在游戏活动的轻松氛围下,学前儿童可以不受约束、自在地表达出自己的想法,并与同伴开展轻松、自在的交流,从而为学前儿童自由表达创造了良好的环境,可以激发学前儿童自主表达的欲望。而这个表达的过程实际上也就是学前儿童语言能力的锻炼过程,在表达中,学前儿童可以锻炼自己从语音到语法,再到语义方面的能力。

再次,游戏可以激发学前儿童的创造力,以象征性游戏为例,在这类游戏中,"以物代物"的象征手法可以将学前儿童引入游戏中,记忆、想象、思维等多种心理成分参与其中,同时,学前儿童还会怀着好奇心去探索其他的情境和组合、不断接触新经验,这就在一定程度上锻炼了他们的创造力。

最后,游戏可以通过多种途径促进学前儿童观察、记忆、想象等的发展。其中,观察作为一种有目的、有计划的感知活动,不仅构成了游戏的前提条件,而且贯穿于游戏的整个过程。在建构游戏中,学前儿童会先对所提的材料的形状、颜色、大小等进行观察,并思索"把它们做成什么",然后边观察边操作,最后做成心目中的物品。在此过程中,游戏构成了发展学前儿童观察力的有效手段。想象是学前儿童游戏的核心认知成分,学前儿童在游戏活动中也有着丰富的再造想象和创造想象。比如,在建构游戏中,学前教育教师想要学前儿童做一把茶壶,可以先用语言向学前儿童描述:"茶壶有弯弯的提手,细细的嘴……"学前儿童在学前教育教师语言的启发下,并结合以前看过的茶壶的形象,在头脑中再造或创造出一般茶壶的形象,进而指导操作。观察发现,学前儿童在游戏中,是以记忆表象的方式保持过去的经历的。比如他们在追忆后,能用语言描述出红红的花、绿绿的草、大脑袋细尾巴的蝌蚪等,这将大大促进学前儿童记忆的发展。

(三)游戏对学前儿童社会性发展的价值

游戏作为学前儿童时期的一项主要活动,对学前儿童的社会性发展具有关键作用。学前儿童可以在游戏中习得许多重要的社会技能,如学习如何与别人友好相处,学会分享、助人和合作等社会性技能,学习自己解决人与人之间的问题,学习如何控制自己的冲动、愿望和行为等,这些都是学前儿童社会性发展的一个重要体现,因此可以说游戏对学前儿童的社会性发展有十分重要的价值。

首先,游戏促进学前儿童建立起自我意识。开始游戏的时候,学前儿童以对自己的物品的支配和占有,获得一种满足感,获得自我的认识,意识到自己作为一个独立的个体具有哪些特征、自己的行动会影响到他人。在获得成功的游戏体验时,学前儿童自我实现的需要得以满足,建立起自信心。

其次,游戏可以促进学前儿童社会交往能力的发展。学前儿童的游戏离不开游戏伙伴。在与游戏伙伴的交往中,学前儿童懂得了如何表达自己的意愿以及如何回应他人。在游戏中,为了使自己为游戏伙伴所接纳,学前儿童必须对自己的某些行为进行自我约束,逐步消除以自我为中心的观念,学会与他人合作,学会关心他人。在游戏中,学前儿童也逐步学会了分享、协商、轮流、谦让、公平竞争等交往技能。在与同伴的游戏中,冲突常常不可避免,每一次冲突的产生及其解决都为孩子经验的积累、心理的发育提供了机会。正是在一点一滴的交往中,孩子明白了怎样与人相处,也逐渐学习了社会行为规范。

再次,游戏有助于学前儿童积极的道德情感的发展。学前儿童的亲社会性情感是在游戏中逐步形成的。游戏往往带给他们一种积极的情感体验,正是通过角色游戏、交通安全游戏规则游戏等多种游戏形式,学前儿童感受、体验、践行成人的道德意识和道德情感,在道德情感与道德体验上产生共鸣,引起积极肯定的情绪,进而理解和掌握一定的道德准则。如果学前儿童在游戏中做了不合道德规范的事,会引起同伴之间的冲突或指责,随之产生羞耻、愤慨、不愉快的体验,以及道德情感上的冲突。然后学前儿童会在逐步反思自己的行为中获得正确的道德认识。所以,游戏既可以培养、巩固学前儿童良好的道德情绪,又可将负面的道德情绪体验转化为积极、健康、肯定的道德情感体验。

最后，游戏可以培养学前儿童活泼开朗的性格。在游戏中，学前儿童以愉快的心情饶有兴趣地再现现实生活，对学前教育教师的启发诱导容易自然地接受。游戏一方面可以给学前儿童充分的机会发展自主的性格和健全的意志；另一方面又受各种规则的限制，在限制中约束了自己，理解、体谅了别人，培养了活泼开朗的性格。以角色游戏为例，在游戏中学前儿童可扮演在生活中接触最多的父母、老师、司机、医生等熟悉的人物，通过模仿人物来进一步认识这些角色，学习这些角色所具有的良好的品质。在游戏中，一些比较内向的、不太活泼的学前儿童也会参加到活动里，并通过担任不同的角色，使各个方面得到锻炼和发展，如开朗、活泼、友善、爱心、同情心等。学前教育教师在适当的时候给以引导，学前儿童的性格就会逐渐活泼开朗起来。

第三节　游戏在学前教育中的运用

在教育领域中，学前教育似乎是游戏唯一合法的"栖身地"。对于学前儿童的教育问题来说，游戏是一个占有特殊地位的重要问题。在学前教育中，游戏也常被运用到教育活动中来，这些运用主要集中在课程、教学、诊断与治疗三个方面。

一、游戏在学前教育课程中的运用

学前教育课程是帮助学前儿童获得有益的学习经验，促进其身心全面和谐发展的各种活动的总和。游戏作为内容和途径的双重身份进入学前教育课程之中，为学前教育课程提供了生命力，渗透于课程的方方面面，游戏既是课程的内容，又是课程实施的手段与方法，更为学前教育教师提供了评价学前儿童的线索。由于游戏中包含着各方面发展的可能性，产生最近发展区，学前教育教师可以通过游戏观察了解班里的每个学前儿童，为课程的生成、实施与评价提供依据。因此，在学前教育课程中，游戏是很常见的,这也在一定程度上推动了学前教育课程的游戏化发展。

学前教育课程游戏化是一个动态的课程建构过程,它需要寻求有效的整合策略,使课程和游戏自然、有机地融为一体。游戏生成课程强调将游戏作为课程的生长点,不断生发新的课程网络。游戏是学前儿童的生存方式,游戏过程中充满了教育的契机,寻求和利用学前儿童的兴趣作为游戏生成课程的基础。在游戏过程中,学前教育教师必须在游戏中认真观察、了解学前儿童的学习兴趣与需要,与学前儿童一起感受和体验,捕捉教育契机,及时地引导学前儿童进一步探索和发现,把活动引向深入,从游戏活动中生成相关的主题教育活动,帮助学前儿童获得有关的学习经验。

在具体的运用中,学前教育课程的游戏化主要表现为游戏与学前教育课程的有机结合,这一点我们可以参考霍恩等提出的观点,由课程生成游戏和由游戏生成课程。

由课程生成游戏是指从课程出发生成游戏活动,学前教育教师通过提供给学前儿童游戏的经验,使学前儿童学习课程领域的知识和技能,包括读写、数学和科学等。课程生成游戏就是设置一个丰富而相互联系的课程网络,将课程中相互渗透的各领域内容和经验迁移到游戏中来,增加游戏主题,丰富游戏情节,这样课程丰富了游戏,帮助学前儿童学习经验。强调用预设课程丰富和充实游戏,可依据课程内容创编游戏,也可通过筛选和改编的方式,选择适合课程内容和课程目标的游戏以及游戏中的积极因素,使游戏活动能满足课程的需要,完成课程的教育效果。美国教育学家约翰逊曾按照教学与游戏的先后次序不同,归纳了由课程生成游戏这种方式中游戏的两个重要功能(图 6-1):一种是将游戏看作学习的起步,即游戏在先,然后教学指导;另一种是将游戏看作对教学所需要掌握的技能的练习巩固,即教学指导在前,然后游戏。

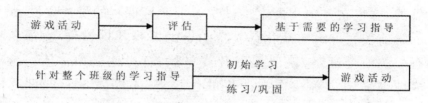

图 6-1　课程生成的游戏：游戏的功能①

由游戏生成课程,是指学前教育教师组织学前儿童的学习与学前儿童在游戏中表现的主题和兴趣有关。游戏生成课程是学前教育教师根据学前儿童在游戏中表现出来的学习兴趣和需要,生成新的课程内容,丰富和补充了预设课程。例如,学前儿童在游戏中对购物、玩具、食物等感兴趣,学前教育教师就可从学前儿童的兴趣和实际水平出发,结合班级教育目标的需要,设计组织以"超市"为主题的教学活动,帮助他们扩展、丰富或深化有关学习经验。

二、游戏在学前教学中的运用

游戏和教学是学前教育的两种重要的途径和手段。游戏和教学的各自特征、功能和价值,决定了游戏和教学是学前教育机构中两种不同的活动。游戏和教学的不可替代和相互关联,使游戏和教学相互补充,相得益彰,因此,学前教育课程的设计,应注意做好游戏在教学中的运用。

具体来看,在学前教学中运用游戏可让游戏成为教学的一种形式。游戏作为教学的形式,是指教学在游戏中进行,或让游戏和教学在教学目标的引导下,显现相继关系,使游戏成为教学的先导活动或后继活动。借助于游戏作为形式而开展的教学活动,在本质上仍是正规的教学活动而非纯粹意义上的游戏活动。作为教学形式的游戏与学前儿童根据自己的需要和兴趣在自然状态下自主自发的游戏相比,其控制性和规则性都比较明显,需按

---

① ［美］约翰逊,等.游戏与儿童早期发展[M].任爱华,译.上海:华东师范大学出版社,2006:342.

教学的要求而进行,学前教育教师的控制程度较高,其直接的目的不在于游戏本身,而在于通过游戏的形式促进教学活动高效有趣地进行,被称之为教学游戏或工具性游戏或手段性游戏。

具体来看,学前教育教师可从以下几方面入手。

(1)观察、了解每个学前儿童的发展水平与学习特点,以此为任务定向,在教室、走廊创设许多以物为媒体的游戏,引导学前儿童参与带有一定教育目的的游戏。

(2)应尽可能地利用好幼儿园一日生活的其他环节及零散时间,开展各种游戏,从而使游戏真正成为幼儿园的基本活动。如幼儿来园后的晨间活动,早餐后的时间以及傍晚饭后准备离园的时间等,均可用于自选游戏活动;另外,课后及环节过渡中,学前教育教师也应注意为学前儿童提供部分便于收放的区域或材料,开展有一定选择的游戏,或是引导学前儿童三三两两地做语言趣味游戏、拍手游戏等不需使用材料的游戏。在较短的其他环节或环节过渡的零散时间和间隙时间里,可玩活动量小、短的简便有趣的游戏。

(3)创设良好的游戏环境,以最大限度地激发学前儿童游戏的兴趣,启发学前儿童游戏过程中的创造性思维,鼓励学前儿童克服游戏中面临的困难,促进学前儿童之间的亲密合作,协助学前儿童顺利地开展各类型游戏。

(4)在游戏中嵌入教学活动,或者在教学活动中嵌入游戏形式,这种结合方式也较为简单,容易掌握,因而在幼儿园教学实际中应用也十分广泛。例如,在教学活动的设计与实施中,游戏可以作为导入形式,这样可以激起学前儿童的兴趣,获得与教学内容相关的感性经验,进而在之后的教学活动中获得与教学内容相关的理性经验。又如,以游戏活动作为教学的主要形式,这样在轻松愉快的氛围中让学前儿童理解知识与掌握技能,或者以游戏作为教学活动的延伸,使学前儿童在教学活动中获得的知识和技能能够在游戏活动中得到巩固和运用。

在运用游戏的过程中,学前教育教师也需要注意以下事项。

（1）注意教学因素和游戏因素的紧密结合。教学游戏是把教学因素和游戏因素紧密结合，使学前儿童在愉悦的情绪中学习的一种教学活动，它不是教学因素和游戏因素的简单相加，而是教学因素和游戏因素的自然融合，二者应相适应。

（2）注意在教学中灵活多样地运用各种类型的游戏，如角色扮演适合小班和中班，棋牌类游戏适合大班，应根据具体情况选择恰当的教学游戏规则，应根据教学的要求，使游戏者既自由又有限制。

（3）注意教学游戏结构的设计。注意教学任务和内容的设计。并非所有的教学任务和内容都适合或需要转化为游戏形式，应根据教学目标、教学内容、学习者的特征适当地转化，使教学任务内容和游戏形式有机结合。

三、游戏在学前儿童心理治疗中的运用

学前儿童的世界与成人的世界是不同的。在成人世界中人与人之间的沟通交流是通过语言实现的，但是作为幼儿园学前教育教师应知道，要想与学前儿童沟通，最好的办法就是通过游戏。游戏是通往学前儿童心灵世界的必经之路，因此，游戏治疗就成为学前儿童心理治疗的重要手段。

游戏充满着乐趣，游戏中的参与者往往充满奇特的想象力，所以游戏时学前儿童可以通过感觉、思维及推理等各种手段去探索他们自己的世界。因为"游戏是学前儿童自我表达的自然媒介"，它使学前儿童有机会表达出他们内心最深处的想法和感受。游戏以一种安全有趣的方式让学前儿童尝试各种不同的行为或动作，并发现什么有用、什么没用。通过建立并完成给自己设定的目标，学前儿童可以获得成就感，学会控制自己的行为。社会化游戏促进学前儿童对他人行为和内心感受的理解和领悟，帮助他们理解与欣赏他人特有的观点。在运用上，学前儿童的游戏治疗主要有以下几种。

(一)故事游戏治疗

故事游戏治疗就是通过说故事,并将学前儿童带入故事的角色中,以解决学前儿童的心理问题的游戏治疗方式。这种治疗方式对有攻击性行为问题的学前儿童十分有用,他们往往对外界有不信任和抗拒,通过说故事,不会让他们直接面临自己的问题,从而减少学前儿童的抗拒。此外,合适的、有教育针对性的故事,比成人的说教更能够为学前儿童所理解,更能给学前儿童以启发,让学前儿童在不知不觉中,通过故事里的隐喻转变自己的态度,从而解决自己的问题行为。

这种游戏治疗模式如下所示。

(1)学前儿童叙述自发性故事,故事中往往透露出其心理问题的特征。

(2)学前教育教师询问学前儿童从自己的故事可以得到什么教训,从而引导学前儿童觉察与面对自己的问题,进而产生改变的动机。

(3)学前教育教师叙述故事,该故事往往改编于学前儿童的自发性故事,但又有所不同,其中往往隐含了改变学前儿童问题的方法与途径,从而暗示学前儿童可以通过这些方法改变自己的处境。

(4)学前教育教师询问学前儿童从学前教育教师的故事中得到什么教训,从而引导学前儿童逐步学会改变自己问题的种种策略,真正解决自己的问题。

(二)想象互动游戏治疗

由于学前儿童自身及其心智发展程度的限制,他们尚未发展出成熟的口语表达能力及自我反思能力,无法准确地表达出内心的真实感受和对事物的情感、看法。想象游戏也可以采取幻想的形式,包括扮演、联想、创造想象中的玩伴等,让学前儿童退出现实生活尝试新的经验并解决问题,因此可以运用想象互动的游戏方法来对他们进行心理治疗。

在运用想象互动游戏治疗方式对学前儿童进行辅导时,学前儿童可在一个相对放松和自由的情境中安心地表达自身焦虑、生气及其他负面的情绪,有助于学前教育教师发现一些隐蔽性信息;学前教育教师可以让学前儿童自发地在游戏中尝试或设想一些解决问题的方式,激发学前儿童的自主性、创造性和解决问题的能力;同时注意在游戏过程中对学前儿童进行有意义的引导,帮助设定一些特定的主题环节,让学前儿童在游戏的过程中完成这些主题并获得相应的情感体会和收获,引导学前儿童朝着有意义、建设性的方向和目标发展。

(三)绘画游戏治疗

多数学前儿童都非常喜欢绘画,从心理学的角度来看,绘画过程对学前儿童来说有着积极的意义。首先,绘画的过程是学前儿童讲述过去的经历、传递比喻以及表达对世界的认识的过程。其次,绘画有宣泄情感的作用,在绘画的过程中学前儿童可以发泄不满、压抑和烦闷等消极情绪,也可以尽情抒发思念、兴奋和快乐。

对于学前教育教师而言,学前儿童的画是通往其心理迷城的一扇窗户,学前教育教师可以通过与学前儿童共同探讨其绘画的内容来准确认识和理解学前儿童的思想、感情以及他们对周围环境的看法,以保证为学前儿童选择适宜的干预措施。这里需要注意几个问题。

(1)不仅要看还要问。在绘画治疗的过程中治疗者不能仅仅通过看学前儿童的绘画来推测学前儿童的心理状态,还要问一些有关学前儿童图画的简单问题,这样简单的沟通可以使学前儿童讲出许多超出绘画作品本身的内容。

(2)有效提问。与学前儿童讨论其绘画时,一般不要直接问"为什么"画这些,因为大多数学前儿童很难解释自己为什么画某个形象,学前儿童通常会说"不知道"或者保持沉默,所以要有效提问。

（3）用第三人称提问。在以上提问中有个共同的特点，即均采用第三人称的方式来询问学前儿童的绘画，而不是直接表达，这种方式可以保证学前儿童有一定程度的安全感，同时也让学前儿童像专家一样来描述自己的绘画作品。

（四）公平游戏治疗

公平游戏治疗是"现实治疗"理论与"行为改变技术"的结合。学前儿童行为的目标是满足基本需求，满足基本需求的第一步是行为要能够符合社会规范。学前儿童的问题行为源自他在生活中受到不公平的对待，使学前儿童没有办法经由符合规范的行为满足基本需求，而改用不符合规范的行为来满足基本需求。因此，学前教育教师要使学前儿童不符合规范的行为下降，就要积极培养能够满足基本需求的符合规范行为，替代学前儿童长期使用的不符合规范行为，否则学前儿童仍然还是会继续使用不符合规范的行为来满足基本需要。换句话说，只提供公平的环境并不能改善学前儿童的问题，还必须积极培养符合规范的行为。

学前教育教师在这种公平的环境下，首先还是要和学前儿童建立起良好的关系，然后就要以"操作性制约"为架构，进一步观察学前儿童在游戏室里的行为，找出"行为—结果—行为出现可能性"之间的关系，选择出最恰当的安排行为结果方式，就能够达到治疗的效果，但却是进行治疗相当重要的媒介，真正可以解决学前儿童问题的有效方法，是在游戏过程中使用的"行为改变技术"。

（五）沙盘游戏治疗

沙盘游戏治疗也称箱庭治疗，指的是通过沙子、沙盘、人物及场景模型来进行心理治疗与辅导的一种方法，沙盘游戏作为一种治疗工具的同时也是一种很好地与学前儿童沟通和建立友谊的手段，符合学前儿童阶段的身心发展特点，比较容易被学前儿童接受，学前教育教师可通过沙盘游戏过程中学前儿童模型的摆放让学前儿童内心最真实的想法显现出来并且会产生良好的心理治疗效果。

沙盘游戏的过程一般为六个阶段：一是创造沙盘世界，二是体验和重建沙盘世界，三是治疗，四是记录沙盘世界，五是连接沙游体验和现实世界，六是拆除沙盘世界。在对沙盘作品分析和服务评估时，专业人员要对沙盘整体进行分析、沙具的象征意义分析、沙盘主题分析、语言非语言信息的解读，还有评估和综合介入。

学前教育教师在对学前儿童进行沙盘游戏治疗时应注意下列事项。

（1）在实施沙盘游戏过程中，学前教育教师以母性态度，关怀、保护和接纳学前儿童，将其视为一个具有无限发展潜力的、有自我治愈力的人。

（2）给学前儿童一个自由和受保护的空间，为学前儿童个人或学前儿童与家长提供一个探索内心世界的场地，让其运用任何模型根据个人喜好来进行沙盘世界的摆放，学前教育教师在沙盘摆放过程中扮演陪同者、守护者和观察者的角色。

（3）通过使用箱子、沙和沙具制作的沙盘作品，可以将人的心象充分地表达出来。心象是指由意识与无意识、内在世界与外在世界相互交错，产生的被视觉所捕捉的映像，这样，通过象征、投射的作用，在自由与受保护的空间里，学前儿童回归到婴儿般整合的状态，便会滋长新生力量，抵制消极力量，并得以保持、促进个体的自我整合。

（4）强调沙盘过程中学前儿童自发性和自主性的发挥，最大限度地给予儿童发挥的余地，让学前儿童可以自由地想象，在内心构想和摆放沙盘的过程中激发学前儿童的想象力和创造力。

第四节 幼儿园游戏活动的科学指导

尽管自由游戏仍然被视为学前教育课程的基础，然而，这种开放结果的游戏已经受到人们的批评。越来越多的研究指出，年幼学前儿童单独通过自由游戏并不必然建构知识。进一步说，仅仅将自由游戏作为学习的基础可能导致学前儿童忽视那些有目的地嵌套于游戏经验中的概念。学前儿童需要成人的支持、参与以获得那些嵌套于游戏经验中的知识。如果缺乏成人的支持，则学前儿童可能仅仅发展涉及自己日常生活经验的游戏脚本，而不关注有目的地与活动联系的概念性知识，因此加强对幼儿园游戏活动的指导便十分必要。本节主要从幼儿园游戏活动开展的实际情况入手，分析不同类型幼儿园游戏活动的科学指导。

一、幼儿园角色游戏的指导

（一）幼儿园角色游戏的概念及其意义

角色游戏是学前儿童以模仿和想象，通过扮演角色，创造性地反映现实生活的一种游戏（图 6-2）。角色游戏是幼儿的自然游戏的一种，是学前期特有的游戏，它全面反映了游戏的特点。角色游戏在学前儿童两三岁时产生，学前晚期达到最高

图 6-2　学前儿童的角色扮演游戏

峰，其后逐渐为有规则游戏所取代：角色游戏在幼儿期很普遍，没有成人的领导和参与，学前儿童同样会出现角色游戏，这已成为学前儿童成长中的一个过程：两三岁后，学前儿童的基本动作有一定发展，能独立行动，并积累了一定的知识、经验。学前儿童有活动的需要，有积极参加和体验成人的活动的需要，有练习和发展各种能力（操作实物、与人交往）的需要，角色游戏符合幼儿的这种需要，它能带给学前儿童满足和快乐。

(二)幼儿园角色游戏指导的环节

幼儿园角色游戏指导的环节从游戏条件及环境的准备开始,到游戏中各个环节的适度干预,最后到游戏结束时的总结或评论结束。

1.游戏条件及环境的准备

前期准备主要是准备好学前儿童开展游戏所需的环境和条件,这是指导角色游戏的首要任务。具体包括以下内容。

(1)丰富学前儿童的生活经验,拓宽角色游戏的内容来源。学前儿童的生活经验大多来自家庭、幼儿园的生活和学习。学前教育教师可在上课、日常生活、劳动、节日娱乐、参观、郊游、看图书、看影视等多种活动中,拓展学前儿童的视野,丰富学前儿童对周围生活的知识和经验,积累生活印象。

(2)提供充足的自由活动时间,保证学前儿童角色游戏的深入开展。在幼儿园或家庭中,除了保证每天有一定的自由活动时间,让学前儿童自主自发地开展角色游戏外,还要保证每次自由活动时间不得少于30~50分钟,因为角色游戏的开展所需时间较长,只有在较长的时间里,学前儿童才可以发现游戏伙伴、分配角色、准备材料、计划游戏、完成游戏等。

(3)提供游戏场地、玩具材料,为学前儿童开展角色游戏创设物质条件。学前教育教师为学前儿童提供丰富的玩具材料,除了提供形象逼真的主题形象玩具如娃娃、炊具之外,还应为学前儿童提供一些真实程度较低的半成品材料,以发展学前儿童的想象力,如积木、纸浆玩具等。

2.游戏中各个环节的适度干预

在具体的游戏过程中,学前儿童会出现或多或少、或大或小的问题,学前教育教师需要充分观察他们的游戏现状,根据他们的年龄特点和个性特点,在尊重学前儿童主动性的基础上,有针对性地指导学前儿童深入开展角色游戏,促进他们的个性发展。

具体需要做好下列工作。

（1）学前教育教师更多地利用玩具以及富有情感的语言，激发学前儿童游戏的愿望，帮助他们确定主题，并去实现它。当学前儿童能按主题进行游戏之后，应进一步启发学前儿童独立提出游戏主题。

（2）在刚开始做角色游戏时，学前儿童只是热衷于模仿某一角色的动作或活动，并不明确自己所担任的角色，需要学前教育教师给予启发，帮助学前儿童明确自己在游戏中的角色身份，从而更好地模仿这一角色。

（3）教师应给予学前儿童较多的游戏主动权，自由选择游戏主题、游戏材料、游戏伙伴，以充分发展学前儿童的积极性、主动性和创造性，同时还应注意观察学前儿童的游戏主题、游戏情节、选取的游戏材料、游戏行为等，了解学前儿童游戏水平、社会性水平的发展。

（4）学前教育教师只要善于观察学前儿童的游戏活动，便可以了解每个学前儿童的特点和表现，通过游戏活动来引导和教育学前儿童。因而，学前教育教师观察学前儿童的游戏活动，了解他们的游戏意图、能力及行为表现等，根据他们在游戏中的实际情况，给予适宜的帮助或指导。

（5）帮助学前儿童增强游戏的合作程度。学前儿童的角色游戏发展过程是由最初的学前儿童独自游戏发展为多个学前儿童的联合游戏，因此，游戏角色间的合作程度和联系程度越密切，游戏开展的水平就越高。需要注意的是，游戏角色间的联系是内在的、自然的联系，学前教育教师不可为了联系而联系，这样会影响学前儿童在游戏中的主动性、积极性和创造性。

3. 游戏结束时的总结或评论

一个好的角色游戏，一般有良好的开端、有趣的过程和愉快的结束。游戏应在高潮未尽时结束，这样可使学前儿童感到愉快，并有继续做同类游戏的愿望。结束游戏的方式有很多，可视游戏的内容和情节发展而灵活掌握,其目的是使学前儿童自然地、从容地、愉快地结束游戏。

游戏结束时主要应做好两件事:一是收拾玩具,清扫场地;二是评议游戏。收拾玩具是一项很有意义的活动,有助于培养学前儿童爱护玩具、热爱劳动、与同伴互助友爱以及做事善始善终等好品质。收拾玩具时教育学前儿童先收拾好自己玩的玩具,然后帮助其他的小朋友。学前教育教师应善于发现好人好事并及时表扬。

游戏后的评价工作也十分重要,评价以学前儿童为主体,充分调动学前儿童的积极性,可以就游戏的情节进行评价,此类评价不仅可以在结束时进行,在游戏过程中,也可就学前儿童随时迸发出来的灵感或精彩情节及时给予评价,对学前儿童在以后的游戏中继续努力提供有利的影响。

二、幼儿园表演游戏的指导

(一)幼儿园表演游戏的概念和作用

表演游戏是学前儿童根据文艺作品中的情节、内容和角色,通过语言、表情和动作进行表现的一种游戏,是学前儿童喜爱的游戏之一,常见的如桌面表演、布偶表演、影子戏表演等(图6-3)。学前儿童的表演游戏融想象、创造于一体,对学前儿童创造能力的培养与发展起着不可低估的作用,表演游戏还能锻炼学前儿童的人际交往能力,促进学前儿童集体观念的发展和学前儿童良好个性品质的形成。

图6-3 幼儿园中的布偶表演与影子戏表演

此外,表演游戏可以加深学前儿童对文学作品的理解和记忆,养成具有对周围事物的正确态度和良好的行为习惯。学前儿童通过听故事、童话,不仅可以理解和记忆作品的主题,而且善于模仿作品中人们的思想、对话和动作。当他们站在角色的立场上去表演角色时,就能够在不知不觉中记住各个角色的特征,并把角色具有的良好行为习惯及思考和解决问题的方法应用到实际生活中。

(二)幼儿园表演游戏指导的主要内容

学前儿童表演游戏要经历从一般性表演到生动活泼表演的发展过程。表演游戏的"表演性"和学前儿童的年龄特点决定了学前教育教师的正确指导在促进学前儿童发展过程中的重要地位。一般而言,学前教育教师对学前儿童表演游戏的指导主要包括以下内容。

1.做好观察

游戏是学前教育教师了解学前儿童学习兴趣和需要的最好窗口。通过对学前儿童学习特点、需要与兴趣的了解,学前教育教师可以与学前儿童互动生成和发展课程。学前教育教师应该做好以下观察。

(1)在日常活动中随机地观察,敏锐发现学前儿童的学习兴趣和需要,然后以此为依据,及时地组织和指导学前儿童开展相当的学习活动。

(2)在游戏中进行班级整体扫描式观察,观察学前儿童的表情、言行,判断他们是处于积极主动的活动状态还是无所事事的消极状态,判断空间材料是否适合学前儿童活动的需要。

(3)在游戏中有重点地个别观察,注意小组学前儿童或个别学前儿童的特定需要,适时适度地提供帮助。

2.协助学前儿童选择主题

适于学前儿童进行表演游戏的作品:首先必须有健康活泼的

思想内容,作品情节紧凑,角色性格鲜明,深受学前儿童的喜爱;其次,作品要有一定的情境和明显的动作性,例如,《拔萝卜》的故事,情境就是一片萝卜地,"拔萝卜"动作鲜明;再次,作品的情节主线应简明,便于学前儿童理解记忆,但情节发展节奏要较快,变化明显,重点突出,这样才能成功地吸引学前儿童的兴趣,并使学前儿童易于表演;最后,作品应有较多的对话,对话简明且能用动作配合,以便学前儿童在表演中边说边做,增加表演的趣味性。

3.帮助学前儿童理解作品的内容,掌握故事的情节和人物形象特点

学前教育教师生动形象地讲述故事,可以激起学前儿童表演的兴趣,讲述故事之后,学前教育教师的提问可以帮助学前儿童理解作品的内容,组织学前儿童共同讨论故事中人物的特点及表演方式。例如,在"小熊请客"的表演游戏中,学前教育教师可以让学前儿童想一想狐狸有什么特点,应该用什么样的语气和动作去表现,可以让几个学前儿童表演,让其他小朋友去评价谁表演得好,并说明为什么。

4.指导学前儿童的表演技能

学前教育教师需要及时指导学前儿童的表演技能,鼓励学前儿童积极主动并自然生动地表演。为了更好地表现作品中的人物特征,学前教育教师可积极引导学前儿童在日常生活中观察、交流和模仿,并注重在生活中提高学前儿童口头语言的表达能力、歌唱能力及形体表演技能。在必要时,学前教育教师还可采取亲身示范的方式,既可激发学前儿童的表演欲,又可丰富学前儿童的表演素材和表演技巧。学前教育教师与学前儿童共同参与表演也能促进学前儿童的表演技能的提高。

三、幼儿园智力游戏的指导

(一)幼儿园智力游戏的概念和类型

智力游戏是依据一定的智育任务,以智力活动为基础的一种规则游戏,也称"益智游戏"。它以生动、新颖、有趣的形式将学习内容和游戏有机地结合起来,使学前儿童在游戏中认识事物,丰富知识经验,在愉快的实践活动中增进学习的兴趣,发展智力,如"它们缺了啥""巧添大象"(图 6-4)等游戏。

 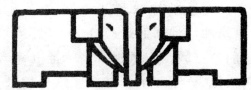

图中有两头大象,如果巧添一笔,就能变成三头大象,该如何添加呢?

图 6-4 幼儿园智力游戏中的"它们缺了啥"和"巧添大象"

学前儿童可以进行的智力游戏的种类很多,既包括那些利用专门材料和玩具进行的游戏,如图片、积木、七巧板、插板等,也包括那些利用语言组织进行的游戏,如讲故事、猜谜语、"打电话""看图造句"等,还包括日常生活中的各种智力游戏,如跳棋、围棋、中国象棋、纸牌等。按照智力构成的几个要素,智力游戏可以分为以发展学前儿童观察力、注意力、记忆力、想象力和思维力为主要目的的五种不同的游戏形式。

(二)幼儿园智力游戏指导的原则

(1)幼儿园智力游戏不同于其他自主游戏,它只有在学前教育教师的指导下,才能顺利开展,并实现一定的教育要求,这就要求学前教育教师一定要对游戏的目的、难点、重点、规则和游戏所涉及的相关知识提前熟悉、研究并掌握,才能有的放矢地传授给学前儿童。

（2）学前教育教师应尽可能地考虑学前儿童的个别差异，适当区分不同的层次，提出不同的要求，使每个学前儿童在原有的基础上都有新的进步。对于个别困难较多的学前儿童要有意识地进行针对性训练，吸引他们多去参加适合的游戏，并肯定他们的每一次成功和进步，从而提高他们的自信心和智力水平，对能力强的学前儿童可适当增加游戏难度，提高要求以满足他们智力发展的需要。

（3）学前教育教师应根据教育要求和学前儿童的实际需要，选择适宜的游戏场地，创造相应的游戏条件，制作适量的玩教具，玩教具在室内摆放的位置，要以便于学前儿童自由取放为原则，注意及时更换和增加新的玩教具。

（4）学前教育教师应重视每个学前儿童参加游戏获得锻炼的机会，采用集体、分组和个别游戏相结合的办法，尽量设法使所有的学前儿童都有游戏材料，并尽可能地参与其中。

（5）随时观察游戏情况，适时给予指导，在游戏中督促学前儿童遵守游戏规则，指导他们按既定的玩法和步骤认真完成任务，不同年龄班在游戏指导上也需有不同侧重，如指导小班学前儿童游戏时，学前教育教师应用自己的兴趣影响学前儿童，讲解力求生动、简明和形象；中班学前儿童仍需学前教育教师对智力游戏的玩法和规则进行讲解和示范，学前教育教师应注意检查他们对游戏玩法的掌握与执行规则的情况，对遵守规则的学前儿童给予鼓励，要激励学前儿童关心并努力争取好的游戏结果；大班学前儿童对活动强度高的智力游戏，如棋类更感兴趣，也喜欢参加带竞赛性质的智力游戏，学前教育教师一般只需用语言讲解游戏，要求学前儿童能独立地进行游戏，严格遵守游戏规则，争取最好的游戏结果，并能对游戏的结果适当地进行评价。

四、幼儿园规则游戏的指导

(一)幼儿园规则游戏的概念及其年龄特征

幼儿园规则游戏是由成人创编、以规则为中心的游戏（图6-5）。规则游戏是幼儿园教学的有效手段和形式,在幼儿园有组织的教学实践中被广泛运用。通过探讨幼儿园规则游戏的结构、特点与作用、年龄特征,可以帮助学前教育教师掌握如何有效地对幼儿规则游戏进行指导。学前教育教师在指导幼儿规则游戏时,要注意为学前儿童选择或者编制适合学前儿童年龄阶段的规则游戏,让学前儿童理解游戏的规则,学会如何玩,使学前儿童明白在规则游戏中必须遵守事先制定好的规则,如果违反,就要接受一定的"惩罚"。

图6-5　幼儿园规则游戏中的跳方格

规则游戏在学前儿童游戏发展过程中出现得较晚,根据皮亚杰的认知发展理论,学前儿童规则游戏出现在前运算阶段的晚期（6～7岁）,成熟于具体运算阶段（7～11岁）,幼儿园大班的小朋友才能够达到熟悉规则、遵守规则,并进行游戏的水平。因此有人质疑小中班的学前儿童是否适合玩规则游戏。其实,规则游戏的实质不在于掌握游戏的规则,而在于促进学前儿童认知和社会性的发展,学前儿童从不能掌握规则游戏的玩法到能够掌握规则游戏的玩法就能够证明了学前儿童的发展。玩规则游戏能够促使学前儿童从"现有水平"走向"更高水平",符合维果斯基的"最近发展区"理论。

(二)幼儿园规则游戏指导的要点

(1)选择和编制适合的游戏。要根据教育的任务、要求和学前儿童的心理发展水平选编不同类型的有规则游戏,如能激发幼儿的思考和探索的游戏,训练注意力、观察力、记忆力、发展语言、运动能力、音乐能力的游戏等。

(2)尽可能选择可以让大多数学前儿童参与而不是旁观、等待的游戏。

(3)让学前儿童体验到游戏成功的快感而不是挫折感:选择适合学前儿童年龄特点和发展水平的规则游戏;游戏过程中不要常常让学前儿童停下来被"纠错";在参与游戏的学前儿童年龄和技能水平不同的情况下,适当增加游戏的"碰运气"因素,以使每个学前儿童都有"赢"的机会。

(4)学前教育教师要使学前儿童熟悉游戏的玩法及规则。学前教育教师在为学前儿童选编游戏后,必须使学前儿童熟悉游戏的玩法和规则。学前教育教师要教会学前儿童正确地游戏,可用简明、生动的语言和适当的示范,将游戏的名称、玩法、规则、注意事项和结果向学前儿童逐一介绍清楚。

(5)游戏如需分组,最好采用随机的方式帮助学前儿童分组而不要让学前儿童因性别、能力、性格等的差异而体验来自同伴的"忽视"或"拒绝"的压力。

(6)保持规则的灵活性:由简单到复杂,逐渐加大游戏规则的难度;如果学前儿童要求且同意改变规则,则应允许学前儿童改变规则。

(7)注意学前儿童的年龄特点。对于小班学前儿童,游戏玩法、规则、要求的讲解要力求简单、生动、形象,要注重讲解与示范相结合,注重在游戏中逐步提出游戏规则。对于中班学前儿童,还是需要示范、讲解游戏的玩法与规则、要求,并在游戏中着重检查游戏玩法的掌握情况及游戏规则的执行情况,要鼓励学前儿童关心并努力争取好的游戏结果,可开展规则简单的竞赛性游戏。

对于大班学前儿童,可以用语言讲解游戏,要求学前儿童独立地玩游戏,严格遵守游戏规则,争取最好的游戏结果;能对游戏的结果进行评价,并可开展较为复杂的竞赛游戏。

(8)降低游戏的竞争性:把重点放在游戏过程而不是"赢"的结果上;不要为"赢者"提供奖品或奖赏;把学前儿童的注意力引导到"赢者"所用的有效策略上,引导学前儿童学习伙伴的策略,意识到他人的想法和观点。

五、幼儿园结构游戏的指导

(一)幼儿园结构游戏的概念与特点

结构游戏又称"建筑游戏",创造性游戏之一,是学前儿童利用积木、积塑、泥、砂等结构材料进行建造的游戏,也是幼儿园常见的一种游戏活动。

结构游戏的材料非常丰富,如积木、积塑、沙石、泥、雪、金属材料等(图6-6),学前儿童通过想象和手的造型活动构造建筑工程物体的形象,在堆砌、排列和组合的活动中,认识各种材料的性能,区别形体,学习空间关系知识和整体、部分的概念,发展感知觉、目测力、操作能力及创造性;磨炼学前儿童的意志,培养做事认真、克服困难坚持到底的品质。结构游戏,被称为是"塑造工程师的游戏"。

图6-6　幼儿园结构游戏中的积木游戏

(二)幼儿园结构游戏指导的内容

1.激发学前儿童参与结构游戏的兴趣

兴趣是人们从事任何活动的强有力的动力之一,学前儿童参加结构游戏,往往是从对结构游戏活动感兴趣开始的。学前教育教师应该注意利用多种方法吸引学前儿童的好奇心,激发学前儿童对构造活动的浓厚兴趣和创作欲望。具体应做好下面的工作。

(1)应通过一日活动中的观察,了解学前儿童一定时期内的兴趣点,及时把握学前儿童随机生成的兴趣需要。

(2)应事先构建出各种各样的结构造型展示给学前儿童,让他们感受和欣赏这些作品,了解结构材料和结构技能的丰富多样性,体验造型艺术美。当孩子们面对作品羡慕之情溢于言表的时候,尝试之心便会油然而生。

(3)根据学前儿童手中半成品的形象,及时为结构物命名,同时指出结构物和实物的差距以帮助学前儿童确定建构的方向,使学前儿童将兴趣维持在建构活动上。

2.指导学前儿童学会分析结构特征

在指导学前儿童观察实物与图片中的结构物时,应教会他们掌握结构分析法,即说出物体各部分的名称、形状,比较建筑物的不同部分,掌握各部分结构物的组合关系。例如,引导学前儿童观察房子时,学前教育教师应引导他们有顺序地先观察房顶的样式、墙壁的颜色、门窗的位置等,然后引导学前儿童观察各部分的整体结构,最后概括出房子的基本特征。

3.帮助学前儿童掌握结构的基本知识和技能

学前儿童的结构知识和技能水平,往往影响着游戏内容的扩展和游戏水平的提高。当学前儿童对结构游戏产生兴趣时,会同时产生学习建构技能的愿望;而建构技能发展得越好,学前儿童参与结构游戏的兴趣也就越浓郁。在帮助学前儿童发展结构技能时应注意以下几个方面。

（1）遵循由浅入深、循序渐进的原则。

（2）在观察了解学前儿童结构技能水平的基础上进行有针对性的引导和点拨。

（3）探索和挖掘现有材料的多种玩法。学前教育教师应掌握每种玩具材料的基本玩法，并在常规玩法的基础上探索扩展玩法，做到一物多用、一物多玩。

4.培养学前儿童良好的行为习惯

结构材料是结构游戏的基础，学前教育教师不仅要提供适宜充分的结构材料，同时也要教育学前儿童爱护结构材料。因此，在开始进行游戏前，学前教育教师应向学前儿童提出游戏常规，教育学前儿童爱护结构材料，轻拿轻放，有顺序地收放结构材料，整齐地放在固定的地方，并逐步培养学前儿童独立收拾材料的习惯。

第七章　学前教育与家庭教育指导

　　家庭是社会最基本的单元,也是学前儿童成长最自然的生态环境,担负着养育学前儿童的重大责任。对于学前儿童来说,与父母共同生活是最重要的需要。人一出生就生活在其中的社会群体是学前儿童最重要的安全基地,学前儿童的成长不能欠缺家庭天伦和乐的生活气氛。父母对孩子的态度为学前儿童以后对社会的态度奠定了基础。每个学前儿童都从自己家庭的生活中获得不同于他人的经验、形成自己的行为习惯、发展待人处世的能力以及语言等。这一切在学前儿童入园后,仍然极大地影响和制约着学前教育。尤其引人注意的是,在城市里,尤其是父母文化水平较高的地区,家庭在学前儿童认知发展中的作用还超过了幼儿园。当然,幼儿园与家庭的特点、长处各不相同,不能互相替代。

第一节　家庭教育的地位与意义

　　教育是人类特有的一种培养人的社会现象,从广泛的意义上说,凡是有意识地以影响人的身心发展为直接目标的社会活动都是教育,主要有家庭教育、学校教育和社会教育三种形式,家庭教育是教育的主要形式之一,它与学校教育、社会教育共同构成了一个国家完整的教育体系,担负着为社会培养新人的伟大使命。

一、家庭教育的地位

　　家庭教育是指在家庭生活中,父母或其他年长者自觉地、有意识地对子女和其他年幼者进行的教育和施加的影响。在家庭中,由于父母长者所拥有的身份地位以及在身心发展水平、社会生活经验等方面所具有的优势,再加上子女尤其是未成年子女在生活上、在情感和心理上对父母长者的依赖性,就决定了其在家庭环境中的成长主要接受的还是家庭中的长者——主要是父母的教育和影响。我们在一般意义上所说的家庭教育,指的主要就是家长对子女尤其是未成年子女的教育,其中对学前儿童的教育是重点。

家庭教育在人一生的发展中都会打上深深的烙印,而且在社会发展进程中起着重要作用。

(一)家庭教育对学前儿童社会化起着奠基作用

新生儿呱呱坠地时,只是一个具有生物特性的生命个体,对自己降临的这个世界一无所知。这个"自然人"若要生存下去,并融入社会,成为合格的社会成员,进而实现人的价值,就必须完成社会化。家庭是学前儿童的诞生地,是实现其社会化的摇篮,学前儿童最初的社会化就是在家庭中实现的。家庭为学前儿童提供了第一次人际交往,第一种人际关系,第一项社会规范,第一个社会角色。在与其他家庭成员的共同生活中,通过向长者尤其是父母的模仿和学习,学前儿童获得了最初的生活经验、生存技能,获得了对社会的最初认识,逐步懂得了一些最基本的社会规范。所以说,家庭教育为学前儿童的社会化奠定了最初的、也是最重要的基础。社会化是一个相当长的过程,它贯穿于人的一生,家庭对人社会化的影响也是持续终生的。但由于婴幼儿和童年时期是人生发展的关键时期,因此,家庭教育对学前儿童早期社会化的作用是十分重要的,也是其他社会机构无法代替的。

家庭教育既是学校教育的助手,也是社会教育的示波器。家庭教育、学校教育、社会教育的协调一致,形成合力,将有利于提高对新生一代全部教育的质量。

（二）家庭教育是一切教育的起点和基础

家庭教育、学校教育、社会教育是一个有机联系的整体。家庭教育是整个教育体系中不可缺少的一部分。三种形态的教育只有密切配合，才能发挥教育的整体功能，促进学前儿童的全面发展，为国家培养优秀人才。如果忽视其中的任何一个方面都会导致教育的失败。家庭教育和学校教育、社会教育各自有不同的特点和侧重，过去认为学校教育起着主导作用，家庭教育、社会教育是对学校教育的补充和配合，这种认识是不全面的。家庭教育不仅仅起到配角作用，还是一切教育的基础。因为不论是哪种形式的教育，它的教育对象都来自家庭，首先接受的是家庭教育，家庭教育对孩子有先入为主的定式作用。从这个意义上说，家庭教育是学校教育的基础，社会教育又是家庭教育的延续。

（三）家庭教育是学前儿童认识世界、进入社会的通道和桥梁

家庭教育着眼于学前儿童"一切能力"的发展，促进学前儿童德智休美的全面的、充分的、自由的发展，是全方位的教育。家庭承担着学前儿童从生物人发展为社会人的启蒙工作，指导学前儿童学习、吸收有益的社会、自然和科学信息。在学前儿童还不能自己判断事物或做出选择时，父母的判断就是他们最初的参照标准。孩子总是通过父母的言行来认识和评价周围世界的。社会信息往往通过家庭的折射进入婴幼儿的心灵。家长的行为与子女的行为常常存在着一定的对应关系。家庭和家庭教育成为学前儿童认识世界、了解社会的通道和桥梁。它指导学前儿童随机地吸收有益的社会、自然和科学信息，抵制和缓解过于剧烈的冲击和不健康因素的侵袭，为学前儿童适应未来生活打下基础。

德国诗人歌德之所以在8岁时就能阅读法文、德文、英文、意大利文、拉丁文和希腊文等多种文字的书籍，与其父母在学前期对他进行早期教育密切相关：当他还是个乳儿的时候，父亲经常抱着他外出散步、逛公园、郊游，焕发了他对大自然的兴趣，丰富

了他的自然知识,提高了他的观察能力;当他刚开口讲话时,父亲就教他背诵歌谣,提高了他的口语能力,萌发了他对文学的兴趣;当他 4 岁时,父亲不仅教他识字读书,而且还教他学习法文、英文等多种外语,培养了他的演讲激情,提高了他的表达能力。与此同时,母亲还常常给他讲故事,往往一说到关键处就突然停下来,让他按照故事的脉络去思考,想象出故事的结尾,发展了他的想象力和思维能力;当他五六岁时,父亲常常带他去旅游,给他讲解当地的风土人情,丰富了他的地理、历史知识,激发了他对祖国的热爱之情。

(四)家庭教育是推动社会文明进步的重要力量

福禄贝尔说过:“国民的命运,与其说是掌握在当权者的手中,倒不如说是掌握在母亲的手中。”这句话深刻地说明了家庭教育在社会发展中所起到的作用。家庭是最普遍的社会群体,是社会的细胞,整个社会就是由千千万万个家庭共同组成的。因此,家庭教育是最具广泛性和群众性的教育,家庭教育质量的高低直接影响着民族素质的高低与国家综合实力的强弱,影响着社会的稳定与发展。日本非常重视家庭教育。日本的家长总是尽个人最大的财力与物力,千方百计地把下一代培养成一个有知识、有文化、有教养的人。日本有自发形成的“母亲读书会”,母亲通过读书、交流,以提高自己教育培养孩子的能力。新加坡的学校教育、家庭教育和社会教育既有各自的独立性,又相互配合、相互渗透,全方位、立体化地形成道德教育网络。

(五)家庭教育是学前儿童身心健康发展的保证

父母不仅给子女先天的遗传素质,包含机体的形态、体质、先天禀赋和遗传病等种种有利和不利的因素,也提供后天发育成长的环境和条件。要使学前儿童的各种潜能变为现实,在很大程度上要靠家庭教育。通过婚前检查、产前诊断、产期保健和教育,可以控制不健康的胚胎的产生和保证正常胎儿的发育,可以预防和减少先天性疾病,保证新生儿健康成长。家长给学前儿童创造了婴幼儿生活的第一个环境。父母的爱抚、合理而充足的营养、宽松而暖和的衣服、空气流通和阳光充足的生活场所,以及能促进其体力、智力发展的丰富信息刺激的物质环境等,这些都在一定程度上影响着学前儿童的身心健康。不同的家庭教育会使学前儿童有不同的发展。就营养来说,严重营养不良,不仅会影响各器官组织的发育,得贫血症、佝偻病等,更严重的是会影响脑细胞的发育,造成终身无法弥补的损失。

(六)家庭教育是学前儿童性格雏形形成的关键

家庭不但为学前儿童创造生活和发展的物质环境,满足其物质需要,而且给学前儿童以父母的爱,满足其精神需要。父母对孩子的接触、沟通、期待、激励,有助于学前儿童的自尊自信、道德品质、智力、语言和社会交往能力的全面发展。相反,那种漠不关心的、拒绝的、粗暴的、对学前儿童正当需要不予满足的态度,会阻碍学前儿童安全感、自信心、良好的情感和性格的发展。学前儿童的性格还在很大程度上取决于学前儿童与家庭各个成员之间的双向联系。在以成人为中心的家庭中,学前儿童的家庭地位多半处于顺从、依附、被动的位置,这就容易养成听话、胆小、退缩、多疑的性格。在以学前儿童为中心的家庭中,学前儿童容易形成自我中心、自私、任性、依赖、动作笨拙、无能的性格。在民主、和睦、互相尊重、合作互助的家庭中,学前儿童容易形成独立、勤奋、自信的性格。

家庭成员的多角度、多层次的教育引导与学前儿童主观能动性的交互作用,有时是一致的,有时则是矛盾、分歧的,构成了极其错综复杂的心理、生理影响。这些影响日积月累地作用于具有不同遗传素质的学前儿童身上,就会引起他们不同的行为反应,塑造出各个儿童特有的个性特征。

二、家庭教育的意义

家庭教育的意义主要表现在以下几个方面。

(一)家庭教育关乎国家兴盛、子女前程

家庭教育,上关民族未来、祖国强盛,下系子女前程、家庭幸福。

人生成就的大小,与家庭教育和家庭环境的关系很大。有将门虎子,相府才郎,也有农家子弟长成民族精英的。兴国安邦的旷世奇才,其伟大人格往往靠家庭奠基。"孟母三迁""岳母刺字"的故事,成为千古传颂的家教佳话;"三曹"(曹操、曹丕、曹植)、"三苏"(苏洵、苏轼、苏辙)铸就的文学辉煌,都离不开得天独厚的家教渊源;中国"导弹之父"钱学森、"两弹元勋"邓稼先,矢志报国,舍身忘家,为新中国崛起做出卓越贡献,也都得益于自幼良好家教。

从宏观上来看,对孩子负有教育责任的三方因素中,有了学校、社会之后,教育结果出现差异的原因,一般就只能在家庭方面了。因此,家长要看到家庭教育的重要意义,能够感到家庭教育的巨大压力,能够对家庭教育高度重视;要用不懈的努力,把望子成龙变作美好现实。

《2017年中国家庭教育消费白皮书》显示,中国家庭非常舍得在教育上花钱,教育支出占家庭年支出的50%以上。调查显示,家庭消费方面,妈妈占家庭教育消费主导权;51.24%的家长认为孩子的教育消费比家庭其他消费更重要。50%的家长每年为孩子在线上教育花费1 000～5 000元。其中学龄前和大学阶段支出尤为突出。幼小阶段,学前教育消费占家庭年收入26.39%。在这其中,接近9成孩子上过辅导班,家长报班主要考虑孩子兴趣身心健康发展,超过9成家长也在在线教育App上花过钱。幼儿园花费0～5 000元的家长占比超过60%,早教费用基本和学费持平,56%家长在早教费用花费也是占5 000元左右。

(二)家庭教育担负子女教育的启蒙职责

家庭是孩子的第一所学校,父母是孩子的启蒙教师。

父母的启蒙,帮助孩子的人生航船扬帆起程。

学前儿童的第一个表情、第一句话、第一个行为动作、第一点生活知识都是来自父母。子女的兴趣爱好,甚至一生的志向追求,往往也是源于父母最初的启发和影响。

古往今来,子承父业起于家教,父子同德共书辉煌的经典范例比比皆是。写《史记》的司马迁出身太史世家;王献之与父书圣王羲之,在中国历史上并称书法"二王";岳飞父子精忠报国风波亭慷慨就义,都得力于自幼家庭培养。

家长的职业、志向、爱好,影响和决定孩子的职业意向和人生前程。俗话说,"从小看大",小时候的表现,就能预见到孩子未来的表现,可能从事的职业。在家庭教育中,在兴趣的基础上培养孩子的职业意识和职业素养,能够入人心,被孩子广为接受和欢迎。更重要的意义在于,它不仅仅让孩子早日确立一种安身立命的技能,还可以让孩子早日发现个人潜能,并达到完善自我的目的。

(三)家庭教育能够及时"遇挫扶起"

人生道路是不平坦的,学前儿童在学习阶段尤其如此。遇到坎坷和挫折是经常的,也是正常的。所谓遇挫扶起,就是当孩子在成长道路上,遇到挫折或犯了错误的时候,父母能够及时给予抚慰、劝导和教育。

在跌倒之后,有的孩子有的时候能够自己爬起来;更多的孩子没有能力自己爬起来,需要成年人尤其是负有教护责任的教育者和监护人,帮助他爬起来。而如果由于没有得到教育者和监护人的及时帮助,跌倒后爬不起来或缓慢地爬起来,都有可能导致孩子前进道路上的暂时甚至永久落后。

把跌倒的孩子及时扶起来,家长应是第一责任人。因为家长只照顾自己的子女,而教师面对的学生却很多。教师有心但没有能力去发现同一时间每个学生的个别情况,即使能发现,也可能不及时。当教师的精力能够帮助个别学生的时候,也许已经迟了,即挫折或错误对他造成的本应可以避免的不良后果,已经形成了。这种决定学业成败命运的个别帮助,多数孩子能够及时得到的只有来自家长。

(四)家庭教育能及时为孩子"转折导航"

孩子在成长路上会遇到许多重大转折,父母要及时为孩子进行转折导航,做好关键环节的家庭教育。所谓转折导航,就是当孩子在成长道路上发生重大转折和变化的时候,即在其成长发展的关键环节,父母能够教育帮助孩子,解决"重大变化和转折"所必然带来的各种新问题,给孩子及时(准确说应是提前)指点新的前进方向,及时给予鼓励,调整教管方法,提前做好充分的精神准备和物质准备,使孩子尽快适应新变化、熟悉新情况,尽量减少转折时的缓速期和新阶段的"磨合期",从而取得新阶段的起跑优势和主动权,为新阶段的竞争乃至整个学业的成功奠定基础。

(五)家庭教育具有重要的"育能塑德"作用

所谓育能塑德,就是指父母培养孩子形成基本生存生活能力、学习能力、交际能力、健体审美能力、良好品质和良好行为习惯,是家庭教育最基本的日常性教育活动。家长对孩子教育影响的综合功能,就是"育能塑德"。人生的基本能力、良好品质和行为习惯的养成水平,家庭教育具有基础和定向作用。如果"育能塑德"的作用发挥成功,就能达到家长们通常所说的让孩子至少"成人"的基本标准。

育能塑德,入学前是奠基阶段。一般从孩子具有一定的接受教育能力时开始,家长结合孩子的生理和生活需要,采用寓教于乐、寓育于玩的形式,向孩子传授初步的生活知识、经验及文化知识,促进孩子智力和身心健康发育,形成最初的生活及学习能力。

从当前情况看,在我国,尤其广大农村,绝大多数家长没有条件进行科学而系统的家庭教育,多数是一种"自然随成"的环境式家庭教育。从这个意义上讲,父母对学前儿童的身教作用,远远大于言教。身教的特征即潜移默化。一般来看,父母的性格、品质、兴趣爱好、日常行为动作等,对子女的影响比较突出。这类心理活动和行为活动的习惯性较强,潜移默化的程度亦强。

一般情况下,家长思想、认识、工作、生活等各方面的一切优势、特长和成功经验,都会有意或无意地、自觉或不自觉的,并以言传或身教的形式,传授给孩子。"金无足赤,人无完人",在这种传授过程中,家长需要努力克服和避免自身不良方面,以免传授给孩子。

(六)家庭教育提高学前儿童的审美才能

在学前期,家长对孩子进行审美教育非常重要,苏联教育家苏霍姆林斯基指出:"儿童时代错过了的东西,到了少年时期就无法弥补,到了成年时期就更加无望了。这一规律涉及孩子精神生活的各个领域,特别是美育。"[1]

孩子对艺术的感情源于父母,一个孩子如果每天都能生活在丰富的家庭艺术环境之中,那么他就会心情愉快,喜欢艺术。随着人们生活水平的提高,家长已不满足于让孩子吃饱、穿暖、玩好,他们竭尽全力对孩子进行艺术教育投资,以激发孩子对艺术的兴趣。近20年来,许多发达国家热衷于从事天才教育。教育家们认为在任何一群学前儿童中,有些会显露特殊的天分。在传统上,天才是由智商分数(IQ)测定的,但这并不是一个很恰当的测量标准。学前儿童可在某类智力上有天才,也可能在综合智力上有天才。如何及早发现和培养美术天才,研究学前儿童美术兴趣、能力和最佳的学习时期,摸索迅速培养学前儿童美术才能的途径,这已成为各国美术教育界共同关注和研究的问题。美国的

---

① [苏联]苏霍姆林斯基.把整个心灵献给孩子[M].唐其慈,毕淑之,译.天津:天津人民出版社,1981:238.

研究成果表明,艺术家的天赋条件只有在学前儿童时期,通过恰当的美术教育才能结出丰硕的果实。美国波士顿学院教授魏纳尔博士曾研究有绘画天才的学前儿童的画,这些画即使是由4岁儿童画的,也总是很突出,比普通学前儿童画得逼真也较有想象力,他们较少拘束,对于视觉传达的信息有卓越的记忆力。

中外许多艺术家的成长无不凝聚着童年时代父母教育的心血。苏联作家高尔基,从小和外祖母生活在一起,每天晚上,外祖母都给他讲民间诗歌和童话故事,这对他的文学创作产生了重要的作用,莫扎特之所以能在6岁时四处进行旅行演出,并轰动了当时的维也纳艺术界,最终成为奥地利的著名音乐家,不仅是由于他出生在一个音乐之家,从小受到家庭的熏陶,更重要的还在于他的父亲善于发现孩子的才华,并给予及时的教育,使他在3岁时能在琴上弹简单的和弦,4岁时能识谱和弹梅奴哀舞曲,5岁时能作曲……在父亲的正确引导下,莫扎特一步步走进了艺术的殿堂,成为世界级艺术大师。

第二节 幼儿园家庭教育指导的内容

幼儿园家庭教育的指导有着独特的价值,幼儿园要对家庭教育的方方面面给予切实的指导,遵循家庭教育指导的各项原则,综合运用家庭教育指导的多种形式,设计科学的家庭教育指导方案,以提高学前儿童家庭教育的质量。幼儿园对家庭教育进行指导,不仅是贯彻幼教法规、与世界幼教接轨、发挥学前教育整体功能的需要,而且也是提高家长的教育素质、促进学前儿童更好发展的需要。幼儿园家庭教育指导的内容是幼儿园家庭教育指导的目标和任务的具体化,它既包括向家长介绍幼儿园教育诸方面的情况,又包括向家长传递教育孩子的知识和技能,提高家长的教育素养,配合幼儿园教育好孩子,使幼儿园、学前儿童、家庭三方受益。归纳起来,幼儿园家庭教育指导的主要内容包括以下几方面。

一、宣讲现代儿童观和教育观

家庭是社会的细胞,孩子是父母的希望,更是祖国的未来。中国是一个古老的国家,在抚养孩子的看法和做法上,深受传统教育思想的影响,许多家长至今仍把孩子看作父母的私有财产,用以传宗接代、光耀门庭,把对孩子的教育看作一家一户的私事。这种观念已远远不能适应当代社会发展的要求。现代社会儿童观认为,学前儿童是人,他们具有生存权,具有人的尊严以及其他一切基本人权;学前儿童是一个正在发展的人,故而不能把他们等同于成人,或把成人的一套标准强加于他们,或放任儿童的发展;学前儿童期不只是为成人期做准备,他们具有自身存在的价值,学前儿童有权拥有欢乐自由的童年;学前儿童是具有主体性的人,是在各种丰富的活动中不断建构他的精神世界的;每个健康的学前儿童都拥有巨大的发展潜力;学前儿童的本质是积极的,他们本能地喜欢和需要探索学习,他们的认识结构和知识宝库是其自身在与客观环境交互作用的过程中自我建构的;每位学前儿童都有接受教育的权利,教育的目的不仅在于学前儿童的发展,而且在于学前儿童的欢乐幸福。党和国家历来重视家庭教育,认为家庭教育是国民教育中不可缺少的组成部分,对提高全民族素质具有重要作用。为此,幼儿园要向家长宣传现代化教育观念,使他们充分认识到教育子女是一桩国家大事,关系到民族的生死存亡。

二、说明家庭教育的独特价值

人的教育是一项系统的教育工程,这里包含着家庭教育、社会教育、集体(托幼园所、学校)教育,三者相互关联且有机地结合在一起,相互影响、相互作用、相互制约,这项教育工程离开哪一项都不可能,但在这项系统工程之中,家庭教育是一切教育的基础。苏联著名教育学家苏霍姆林斯基曾把儿童比作一块大理石,他说,把这块大理石塑造成一座雕像需要六位雕塑家:家庭→学校→儿童所在的集体→儿童本人→书籍→偶然出现的因素。从排列顺序上看，家庭被列在首位，可以看得出家庭在塑造儿童的过程中起到很重要的作用，在这位教育学家心中占据相当的地位。幼儿园要向家长讲解家庭教育的特殊作用，家庭教育不仅是幼儿园教育所无法取代的，而且在某些方面甚至比幼儿园教育发挥着更大的作用。家庭对学前儿童个性的发展也起着决定性的作用。幼儿园还要帮助家长发挥家庭教育的优势，充分利用家庭教育的针对性、连续性、灵活性、权威性、亲情性等特点，把孩子培养成人。

三、讲解学前儿童身心发展的知识

学前期是人生发展的关键期，学前儿童各方面的发展水平对其今后的成长有着重大的影响。幼儿园要向家长讲解学前儿童身心发展的一般规律和学前儿童之间的个别差异，使家长具备必需的生理学、心理学等方面的知识，为教育孩子做好准备。孩子生理、心理发展的关键阶段恰好处于幼儿园时期，所以教师和家长要趁着孩子发展的特殊时期给予相应的教育。对此，幼儿园应积极向家长进行讲解。例如，通过实例，向家长讲授学前儿童心理发展的基本特点：感知觉逐渐完善，对生动、形象的事物和现象容易认识，对较复杂的空间、时间认识较差；观察的随意性水平较低，易受外界刺激的影响而转移观察的目标；注意很不稳定，对感兴趣的事物注意力较易集中，但时间不长；记忆带有很大的不随意和直观形象的特点。

四、讲授家庭教育的具体内容

幼儿家庭教育的内容要能保证学前儿童的全面发展，幼儿园要向家长介绍有利于学前儿童身心各方面发展的内容，不顾此失彼，偏向任何一方，忽视其他方面，避免出现重养轻教、重智轻德的错误倾向。学者陈鹤琴在《家庭教育》中，对学前儿童的德智体美劳各个方面的教育都做了详细的说明，共有 101 条原则。主要包括：第一，培养学前儿童卫生习惯的 25 条原则，从醒到睡，从吃到撒，从笑到哭，从抱、坐到站行姿势等问题，都提出来讨论并提出自己的看法。第二，游戏是学前儿童的生命，学前儿童是以玩为主的。第三，学前儿童智力方面的教育，提出了要利用孩子的好奇心进行适当的教育，要尽量让孩子自己去做，以增长孩子的经验性知识。第四，惩罚孩子的教育方面，陈鹤琴指出，要根据孩子的言行适当地进行责罚，要给孩子正确的教育方式。第五，学前儿童待人接物的教育，孩子待人接物礼貌是要从开始的时候教起的，父母要以身作则，给孩子做一个好榜样。第六，对父母提出的要求建议，陈鹤琴在这本书的再版中增加了做好父母的标准与要求，这主要是先后发表的《怎样做父母》的内容。

健康方面，幼儿园应要求家长注意培养孩子良好的生活卫生习惯、自我保护意识和参加室外活动的兴趣，以促进孩子的生长发育，提高孩子的健康水平。

智力开发方面，幼儿园要提请家长重视激发孩子的学习兴趣，培养孩子动脑、动口、动手的习惯，促进孩子智力的发展。

品德培养方面，幼儿园应要求家长注重培养孩子的爱心、良好的品德行为、活泼开朗的性格。

美感提高方面，幼儿园还应提请家长关心孩子感受美、表现美的情趣的发展，重视孩子创造美的能力的培养，使孩子成为外表美和内心美的和谐统一体。

五、讲析家庭教育的重要原则

幼儿家庭教育的原则是父母对孩子进行教育必须遵循的基本要求。幼儿园应帮助家长掌握家庭教育的主要原则，以提高家庭教育的质量。家庭教育的重要原则主要有以下几个。

（1）热爱孩子的原则。幼儿园要使家长明白热爱孩子是教育孩子的前提条件，没有爱就没有教。要求父母能够做到：了解理解孩子，关心爱护孩子，尊重信任孩子，绝不溺爱孩子。做父母的常常忍不住要替孩子做选择，于是，孩子只能按照父母的决定去做。那么,这些决定越正确,其窒息感就可能越强。最好的方式就是"适当放手",让孩子自己做决定,即父母给孩子设定一个基本的底线——认真生活不做坏事,然后放手让孩子去决定自己的人生。例如,父母带孩子到商店买玩具时,可让孩子自己挑选所喜欢的玩具,而不应把成人的意愿强加给孩子。

(2)要求孩子的原则。幼儿园要使家长认识到父母严格要求孩子是对孩子真正的爱,父母对孩子提出的要求,要简明、合理、及时、有序,不苛求孩子。从小严格要求孩子的好处是,让一切好的、美的、崇高的东西在孩子身上都成为一种本性,一种自觉。在孩子幼小之时,成年人对他们的影响是很深的,如果这时候对他们放宽的话,那种烙印会在他们心中很深很深,稍大后再严格要求,恐怕已经来不及了。作为父母,从孩子小时候起就有责任和义务教孩子知道什么应该做,什么不应该做,让好的习惯从小就养成。然后让对孩子的严格在不自觉中变成他对自己的严格要求。例如,孩子走路不小心摔倒了,父母要求孩子自己爬起来,拍掉身上的尘土,继续往前走。

(3)教育一致的原则。幼儿园要使家长理解只有协调家庭中各种教育力量,组成统一战线,前后一致地对孩子进行教育,才能有利于孩子身心的健康成长的道理。务必请家长做到:在对孩子教育的问题上,不论是在父母之间,还是在祖父母之间,或是在父母和祖父母之间都应保持高度一致。当父母对同一问题的处理意见不一致时,要尽可能避免孩子在场时争执,应该在事后再讨论。

(4)全面发展的原则。如果把对孩子的教育比作"木桶"的话,它应该由德育、智育、体育、美育、劳动技能教育五块"木板"组成。然而,我们在生活中发现,很多父母都非常重视智育这块"木板"的长度,却忽视了其他四块"木板"。而现行的升学制度、考试制度等考核方式,无疑也加剧了包括学生在内的人们对智育的畸形重视。幼儿园要使家长意识到只有对孩子进行各方面的教育,才能有利于孩子的全面发展,成为社会所需要的人。既要重视孩子体力、智力的发展,又要重视孩子语言、情感、社会性的发展,此外还要重视孩子审美能力的提高。例如,带孩子外出做客前,让孩子自己挑选衣服,打扮自己。

(5)因材施教的原则。幼儿园要使家长认识到每个孩子都有自己的特点,对孩子进行教育时,要从孩子的实际情况出发,根据孩子的年龄特点、性别特征、个性差异和当前情况,因材施教,促进孩子的最佳发展。比如有的孩子很自信,认为自己什么都能干,家长就不妨交给他一些有难度的事情去做,之后根据具体情况适当指出不足,让孩子体会到自己还有一些事情做得不够好,逐步培养孩子谦虚谨慎的品德。相反,对自信心不强的孩子则最好交给他一些容易的事情去做,并在他做的过程中进行指导与帮助,完成后主要予以肯定,以逐步帮助孩子树立起自信心。

六、阐明家庭教育的基本途径

家庭教育是和家庭生活融合在一起的,家长安排家庭生活的过程也就是教育孩子的过程。幼儿园要使家长认识到家庭的内、外部生活都是教育孩子的重要途径,要予以重视。家庭教育的基本途径,如家庭生活结构、家庭生活条件、家庭人际关系。

(1)家庭生活结构。家庭生活结构主要有核心家庭、扩大家庭、单亲家庭、再婚家庭等形式,不同的家庭结构对孩子的发展有不同的影响,各有利弊。幼儿园要帮助家长利用现存家庭生活结构的优势,克服不足之处。例如,有个小朋友和爸爸妈妈、爷爷奶奶一起生活,孩子的爷爷奶奶都已退休,爱管"闲事",经常清扫公用楼梯,帮助邻居拿报纸、送牛奶;小孙子在幼儿园也喜欢帮助老师和小伙伴,深受大家的喜爱。这就是扩大家庭对孩子的一种良好影响的结果。

(2)家庭生活条件。家庭生活条件是孩子接受教育的物质基础,具有"双刃剑"的作用,不论是富裕的生活条件,还是贫困的生活条件,对孩子的成长既会有正面的效应,也会有负面的效应。幼儿园要帮助家长扬长避短,合理安排家庭生活。在经济条件较差的家庭里,家长们更应该在用钱上精打细算,争取为孩子攒下必需的教育支出。但无论如何，父母都应该教育孩子从小要勤俭节约、浪费可耻的理念。勤俭节约，只有懂得珍惜生活的人，才会懂得勤俭节约。作为父母，应该及时教会孩子什么是节俭。在孩子还小的时候就要告诉他，节俭是一种美德。宋朝开国皇帝赵匡胤生活俭朴，反对奢侈。一次，他见女儿穿了一件用翠羽装饰的短袄，就命令她脱去，以后不许再穿。在他的影响下，节俭风气举国盛行。不仅我国节俭，那些发达国家也奉行着节俭的美德。比利时的学前教育的德育课本，里面很多专门教育孩子要节俭的话语或经典故事。美国一些百万富翁的儿子，常在校园里拾垃圾，把草坪和人行道上的破纸、冷饮罐收集起来，学校便给他们一些报酬。

（3）家庭人际关系。家庭成员之间的关系是平等互助，还是独断专行；是亲密无间，还是冷漠无情，都会对孩子产生潜移默化的影响，孩子的脸是父母之间关系的"晴雨表"。父母是家庭的第一关系。父亲与母亲之间相处愉快，家庭气氛就会和谐、轻松，孩子很容易受到感染，心里也会满足、快乐。关系良好的夫妻，既重视夫妻关系的质量，也不一味排斥冲突，只是使冲突变得较为舒缓，而且不经常发生。在婚姻关系中，最具伤害性的冲突方式是批判、蔑视、防御和抵制。这种伤害性不仅直接影响夫妻关系，也会波及孩子。孩子会不由自主地疏离父母，家的吸引力黯然失色。有的孩子在疏离父母之后，转而投向家庭之外的某个人或某个小团体，重新寻找归属感；有的孩子不仅疏离父母，还会主动地疏离老师、同学以及所有关心他的人，因为他不再相信还有谁是真的爱自己、在乎自己的感受。幼儿园要使家长认识到不同的人际关系对孩子的不同作用，注意为孩子创造一个安宁、温馨、和睦、愉快的家庭生活环境。

此外，邻里关系、社区环境、社会环境对孩子的成长也有重要的影响，家长也应加以调节和控制。

七、阐述家庭教育的若干方法

家庭教育的方法是家长采取的各种教育手段，只有灵活机动地加以选择和运用,才能保证家庭教育的成功。幼儿园应向家庭讲解各种有效的教育方法,以及如何在不同情况下的运用和策略,使家长能把家庭教育的良好愿望变成现实。家庭教育的方法如讲解说理法、表扬奖励法、榜样示范法、陶冶感染法、批评惩罚法、提醒暗示法、实践活动法等。

(1)讲解说理法。家长对孩子摆事实,讲道理,提高孩子的认识,帮助孩子形成正确的观点。这可通过讲解、谈话、讨论等形式来进行。很多家长觉得孩子年纪还小,因此总是用哄的方式来教育孩子,加上孩子对家长的说教的不配合,家长很难给孩子讲道理。有的家长认为等孩子长大了,自然就会懂道理,因此选择不给孩子讲道理。其实这种做法不利于孩子身心的健康发展,家长应该给孩子讲道理,让孩子明事理,这样孩子才能变得懂事、成熟。为了培养孩子的优秀品质,塑造孩子的健全人格,父母在教育孩子的过程中必须学会给孩子讲道理。幼儿园应要求家长在运用这种方法时做到:目的明确、生动有趣、把握时机、和蔼可亲、不哄不骗。例如,父母在带孩子参加友人的生日活动时,教孩子学会说"祝您生日快乐"的祝福语言;在带孩子去给爷爷奶奶拜年时,教孩子学会说"祝你们春节愉快、身体健康"的恭贺话语,使孩子知道在不同的时间、场合,要用不同的语言对别人表示祝贺。

(2)表扬奖励法。家长对孩子的好思想、好行为做出肯定评价,以激励孩子的发展。幼儿园应提请家长注意,表扬要符合孩子的特点,着重表扬孩子付出的努力,运用多种方式表扬孩子,注重对孩子进行精神奖励。父母是孩子最为信赖的人,如果得到了父母的表扬,孩子的自信心就会显著增强。有了自信,就有了前进的勇气,不畏惧失败,好奇心旺盛,敢于挑战各种新事物。而且父母表扬孩子有助于加深亲子关系,彼此之间产生稳定的信赖感,孩子也会变得乐于助人。表扬孩子的时候,为了确保他能准确体会到家长的心意,有必要通过语言、表情和身体接触等方式来告诉他。表情柔和、面带笑容,一边说:"做得真棒!"一边把他抱在怀里——这样,孩子就会明白:"啊,这样做是对的!感觉真好!"

家长千万不要认为不说他也能明白,一定要好好通过语言和态度来向孩子表示赞美。并不是说孩子做什么都得表扬他。像是自己穿衣服、刷牙这种到了一定年龄就会做的事情,家长也要提出表扬的话,根本不会引起孩子的共鸣。反过来,如果孩子很努力地完成了某件事情却没有得到肯定,他就会忍不住想:"是不是我很没用?"因此,表扬要找准合适的时机,目光直视孩子,温柔地对他说:"妈妈/爸爸真为你骄傲!"这样才能真正触动孩子的心灵。

(3)榜样示范法。家庭教育对象主体是学前儿童。学前儿童的思维特点是具体形象性。他们的思想品德可塑性大,模仿性强,富于理想和幻想,有强烈的上进心。因而具体形象,鲜明生动的榜样最容易被他们理解和模仿。由于父母与子女自然感情的亲密性,来自父母的榜样更易于使子女受到感染和激励,因而其教育作用就更巨大、更深远。从榜样发挥作用的机制来看,榜样是为学前儿童提供思想言行规范要求的物化模式。它好像一面镜子。学前儿童心目中一旦树立了良好的榜样,他就能经常对照这面"镜子"自我检查、发现自己的差距和不足,或自愧不如,或受到激励,从而产生自觉克服缺点,努力上进的动机和行为。家长为孩子树立各种正面榜样,让孩子进行模仿,引导孩子积极向上。幼儿园应要求家长不仅运用伟人典范、同伴范例来激励、教育孩子,而且还要利用父母自身的榜样来启发、感染孩子,以身示教。比如,要求孩子不乱扔纸屑、不随地吐痰,父母自己就要先做到这些。

(4)陶冶感染法。家长通过创设、利用有意、有趣的环境,对孩子进行感染、熏陶,寓教于情境之中。幼儿园提示家长在运用时,注意利用人格感化、环境熏染、艺术陶冶等手法来达到家庭教育的目标。比如,全家人围坐在一起,一边品尝着家庭温暖的菜肴,一边热烈地讨论着,各自说着自己的想法,驳斥着别人的见解,思想与思想之间在交锋、在碰撞,同时一个新的想法也相应地在餐桌上诞生。如此不但可以调节家庭的气氛,而且还可以激发孩子的创造力,养成孩子思考问题的习惯。又如,爸爸给孩子做智力题,妈妈则给孩子朗读诗歌或者小说片段,一家人乐融融地围坐在一起,这种家庭的陶冶将会给孩子一生留下美好的记忆。

(5)批评惩罚法。孩子说错话、做错事是在所难免的,父母要避免孩子今后重犯错误,当然要对孩子进行必要的提醒、督责或批评。家长对孩子的不良言行做出否定评价,以纠正孩子的缺点错误。比如,家长和孩子做游戏的时候,不要总是让着孩子,可以有意识地让孩子输掉几次,不要每次都让孩子当主角,让孩子体验失败的感觉。或者,给孩子制定一个任务目标,根据孩子的完成情况,给予孩子一定的奖惩措施,让孩子在体会成功与失败的过程中,学会自我调节和控制。但是,幼儿园要向家长提出要求:孩子有错要批评,批评孩子要及时、恰当,不打骂孩子,让孩子从错误中吸取教训,不致再犯。比如,孩子抢邻居小朋友的玩具,父母批评他这样做很不对,一点也不文明、不礼貌,若想玩别人的玩具,可以友好地和别人商量,或用自己的玩具去跟别人交换。此外,在督责批评的过程中,家长应尽量避免让自己的批评变质,尤其不要让自己的批评变成权威压迫。不少批评并不是批评本身有问题,而是批评的方式出了问题。父母在批评孩子时,如果能做到始终尊重孩子的人格和尊严,或者充分照顾孩子的"面子",那么家长怎么责备、批评都是可以的。也只有这样,孩子对父母的接受程度才可能最大化,家长的教育效果也才可能最优化。

(6)提醒暗示法。家长用含蓄的方式,间接地对孩子的心理发展施加影响,发挥孩子的主动性、自觉性。有的家长十分注意使小孩养成收拾玩具的好习惯,他们花费许多心血,耐心地对孩子加以培养。当孩子玩了玩具之后,不知道应把东西收拾起来放好,父母就提醒或暗示孩子说:"你很喜欢这些玩具是吗?我们愿不愿意把它们收拾好?"或者说:"你能够把玩具收藏好是吧?下次再玩,一拿就拿到了。"

幼儿园应要求家长不仅要根据具体情况选用直接暗示、间接暗示、反暗示、自我暗示,而且还要综合运用这些方式,以取得预期的教育效果。例如,孩子吃香蕉时,挑了一个最大的,父母顿时皱起了眉头,以表示对孩子行为的不满。

（7）实践活动法。家长有计划地组织各种活动,让孩子接受实际锻炼,养成良好的品德行为习惯。幼儿园应指导家长运用时注意:广泛开展各类活动,给孩子提供反复练习的机会,制订必要的家庭规则,委托孩子完成一定的任务。例如,让孩子亲自"实践故事"比单纯地告诉孩子故事的寓意更能让孩子理解深刻。当今社会,少子化现象加上课业为重,使家长渐渐忘记身为家庭一分子的孩子应该帮忙做些家务,而没有实际付出的孩子是很难体会劳动者的辛劳的。父母让孩子帮忙做一些简单的家务,并且适时地给予鼓励,不但能让孩子学到基本的生活知识,还有利于培养孩子的责任感和认真负责的态度。

八、介绍幼儿园的教育概况

幼儿园要向家长介绍幼儿园教育的性质、目标、任务、内容、途径、方法和手段,使家长对幼儿园教育有全面、深入的了解。例如,通过家长开放日活动,让家长耳闻目睹幼儿园的作息制度,亲身体验幼儿园一日活动的安排,使家长真正理解寓教于活动之中的道理。在家长开放日活动中,家长通过直观的方式,不仅可以了解幼儿园的文化和教育理念、课程设置、师资水平等"软件"情况,还可以了解到幼儿园的办园条件、环境以及孩子在园的活动表现、教师工作情况。现在幼儿园开放日活动更多的是鼓励家长参与到班级活动中来,比如邀请某些家长结合自己的职业特点给学前儿童讲课。家长开放日活动给家长的是直接经验,能帮助家长了解孩子在幼儿园的情况,让家长零距离地了解教师的教学方法,解除疑惑,并配合教师。家长也可以效仿教师的教学方法,借鉴教师的教育方式。

九、述评孩子的在园表现

幼儿园是学前儿童生活、学习的主要场所。对于全日制的孩子来讲,每周有 5 天、每天有 8 小时时间是在幼儿园里度过的,寄宿制的孩子在园的时间更长,孩子在园的一切都牵动着家长的心。幼儿园理应为增强家长与孩子之间的交流与沟通创设平台。于是,家长开放日成为实现这一目的的最佳形式。家长开放日活动能使家长具体、直观地了解孩子在幼儿园的生活及表现,为家长配合幼儿园教育创造了条件。幼儿园要让家长了解孩子在园的各种情况,不论是孩子身体、智力的发展,还是品行、美感的发展均不应成为被遗忘的角落。例如,通过指导家长观看孩子的美术作品,使家长知道孩子绘画的水平和审美的能力。

十、引导家长与幼儿园教育保持一致

幼儿园向家长介绍学前儿童身心发展的特点和家庭教育的基本规律、幼儿园教育的性质、任务,主要目的在于提高家长的教育素养,加强与幼儿园的联系,相互配合教育孩子,做到家庭与幼儿园的教育同向同步,协调一致,以提高幼儿园的保教质量。比如,为了配合幼儿园的"学会合作"主题活动,可以通过专题讲座,介绍国外的一些研究成果使家长明白配合幼儿园对孩子进行谦让教育的重要性。

第三节　幼儿园家庭教育指导的原则与形式

一、幼儿园家庭教育指导的原则

幼儿园家庭教育指导的主要原则有以下几个。

（一）了解性原则

幼儿园要对家庭教育进行指导,就必须了解孩子的家长及家庭。在获取了关于家长自身的情况（职业、文化程度、兴趣爱好等）、家庭情况（家庭结构、家庭居住条件、家庭生活方式、家庭成员之间的关系等）、家庭教育情况（对家庭教育的重视程度、教育内容、教育方法、教育经验、教育问题等）、对幼儿园教育的看法（幼儿园教育的重点应是什么、应怎样对孩子进行教育、如何改进

幼儿园的工作等)等方面的大量信息以后,再给家长切实的指导。

　　在执行这一原则时,幼儿园可利用谈话、家访、填表等多种形式来进行。例如,为了解幼儿双休日在家中的情况,可让家长填写表7-1。

表7-1　幼儿双休日活动调查表

亲爱的家长:

　　本表只是为了了解您的孩子双休日在家里的一般情况,不作为任何考核的依据,请您如实填写或打"√",并于下周一(12月14日)上午交给带班老师。谢谢您的合作。

××××幼儿园

年　　月　　日

孩子姓名:_____　性别:_____　所在班级:_____　填表人是孩子的:_____

1.孩子早晨几点起床:(1)7点左右　(2)8点左右　(3)9点左右　(4)10点左右
(5)其他

2.孩子是否自己穿衣服:(1)是　(2)否　(3)其他

3.孩子是否自己洗漱:(1)是　(2)否　(3)其他

4.孩子是否自己吃早点:(1)是　(2)否　(3)其他

5.孩子上午的活动主要有:(1)　(2)　(3)　(4)　(5)

6.和孩子一起活动的人有:(1)爸爸　(2)妈妈　(3)爷爷　(4)奶奶
(5)外公　(6)外婆　(7)其他人

7.孩子是否自己吃午饭:(1)是　(2)否　(3)其他

8.孩子是否午睡:(1)是　(2)否　(3)其他

9.孩子下午的活动主要有:(1)　(2)　(3)　(4)　(5)

10.和孩子一起活动的人有:(1)爸爸　(2)妈妈　(3)爷爷
(4)奶奶　(5)外公　(6)外婆　(7)其他人

11.孩子是否自己吃晚饭:(1)是　(2)否　(3)其他

12.孩子一天中看电视的时间共有多长:(1)1小时　(2)2小时　(3)3小时　(4)4小时　(5)其他

13.孩子晚上几点睡觉:(1)7点左右　(2)8点左右　(3)9点左右　(4)10点左右
(5)其他

(二)针对性原则

　　幼儿园在进行家庭教育指导时,要根据学前儿童和家长的不同特点,开展分类型和分层次的指导,注意灵活性。

在贯彻这条原则时,首先要从学前儿童身心发展的年龄特征出发,进行分类指导。例如,在对小班孩子家长进行指导时,要重点帮助他们做好孩子的入园适应工作;而在对大班孩子家长进行指导时,则要把重点放在帮助他们做好孩子的入学准备上。

其次,要从家长的具体情况出发,进行分类指导。可把父辈归为一类,祖辈归为另一类,加以指导;也可把父亲、祖父归为一类,母亲、祖母归为另一类,分开指导;此外还可把单亲父亲归为一类,单亲母亲归为另一类,分别指导。例如,在对父亲进行家庭教育指导时,要阐明他们在孩子成长中的独特作用;要启发他们学会分享、利用幼儿园的教育资源,牢牢把握接送孩子的有利时机,以主人翁的态度参与幼儿园的各种活动,积极参加各种家庭教育指导活动;要把如何发挥自身作用的策略教给他们。

此外,还要从家庭教育的具体问题出发,进行分类指导。例如,把不重视培养孩子爱心的家长归为一类,单独指导,使其注意通过家庭的日常生活,教育孩子学会关心父母、热爱老师;把喜欢打骂孩子的家长集中起来,加强指导,使其学会运用各种正面教育的方法来教育孩子。

(三)协调性原则

幼儿园在进行家庭教育指导中,要经常和家长交流情况,相互沟通,互通有无,协调配合,形成教育的合力。在遵循这条原则时,幼儿园要及时把幼儿各方面的情况反馈给家长,争取家长的合作。例如,可把孩子在园的一些突出表现、异常行为写在《家园联系册》上,使家长对孩子的成绩和问题做到心中有数。幼儿园还应要求家长及时把孩子在家里的表现反馈给幼儿园,以强化孩子的良好言行,克服孩子的不良言行。此外,幼儿园还要帮助家长解决一些问题,使双方教育一致,孩子能更好成长。

(四)科学性原则

在指导家庭教育的内容和方法时,幼儿园要注意科学性,使其符合学前儿童身心发展的基本规律和学前教育发展的客观规律,做到理论联系实际,既有科学性又有通俗性,注重实效。

在贯彻这一原则时,要注意向家长传授的知识,既要正确、准确,又要深入浅出,生动有趣,操作性强。例如,在指导家长开发孩子智力的时候,指导者不仅要说明观察力是孩子智力活动的窗口,对孩子智力的发展影响很大,而且还要把一些具体实用的方法介绍给家长,如激发孩子观察的兴趣,教给孩子观察的方法,参与孩子的活动,发挥语言的调节功能等。家长要充分发挥语言的调节功能,吸引孩子的注意力,教会孩子观察,并评价孩子观察的结果。为此,家长的语言应该简明扼要,重点突出,有较强的针对性。例如,带领孩子参观动物园时,家长引导孩子观察猫头鹰,应用语言提示孩子注意其"眼睛""嘴""爪子"等。

(五)尊重性原则

在指导家庭教育时,幼儿园要尊重家长,平等对待各类家长,尤其是各方面发展暂时落后的孩子的家长,并引导家长在家庭里建立民主平等的亲子关系。在执行这一原则时,首先要平等对待自身条件不同的家长。不论家长从事什么样的职业、具有什么样的文化程度,也不论家长的社会地位如何、经济条件怎么样,都要一视同仁、不偏不倚。其次要注意尊重孩子情况不同的每个家长。不论孩子的相貌如何,也不论孩子的身心发展水平如何,都要尊重他们的家长。特别对发展暂时落后的孩子的家长,应给予更多的尊重,和他们一起激发孩子的上进心。

此外,尊重有不同意见的家长。有的家长喜欢提意见、反映问题,无论如何,都要认真听取,正确的意见就加以接受。

二、幼儿园家庭教育指导的形式

幼儿园应因地制宜,采取多种形式,通过多种渠道,对家长进行家庭教育的指导,提高学前教育的质量。幼儿园家庭教育指导的基本形式主要有以下几个。

(一)家长学校

家长学校是对在家庭里承担抚养教育孩子责任的父母和其他长者进行系统教育和训练的学校。幼儿园举办家长学校,聘请儿童保健专家、幼儿心理专家、学前教育专家,有目的、有计划地向家长传授保育、教育学前儿童方面的知识和技能。为使家长学校规范化、制度化,幼儿园可聘请当地德高望重的人来担任家长学校的名誉校长,建立以家长代表为主体、有幼儿园保教人员和社区如街道办事处有关领导参加的三结合校务委员会,主任由园长担任;校务委员会各成员分工负责,各司其职;每学期召开二三次校务会议,制订活动计划,安排活动内容,选择活动形式等。家长学校的教育内容要根据家庭教育的需要和家长的现状来确定。例如,针对家长普遍不重视孩子的性格教育这一缺陷,校务委员会决定开设"培养孩子的良好性格"的专题讲座。家长学校可以用讲座的形式来进行,也可以用科学育儿报告会的形式来进行;可以分年龄班来举办,也可以按兴趣特长班来施行;可以是定期的讲课,也可以是不定期的活动。

(二)家长会议

家长会议是幼儿园对家长进行集体指导的重要形式,这又可分为许多种类。从时间上来分,主要有开学前的家长会议、学期中间的家长会议、学期结束时的家长会议;从形式上分,主要有全园家长会、班级家长会、小组家长会。

下列为家长会议的主要环节。

(1)主持人欢迎家长的到来,感谢家长的参与。

(2)主持人向家长介绍今天做主题发言的嘉宾园长或教师、家长。

(3)主持人邀请嘉宾园长或教师、家长进行主题发言。

(4)主持人鼓励家长自由发言、提出问题、共同研讨。

(5)主持人感谢嘉宾园长或教师及家长,并感谢全体家长的参与和分享。

总之,家长会议应该以孩子为中心,所有的议题都应紧紧地围绕着孩子的发展来确定,以促进家园双方的理解,达成共识;还应该重视双向性,不要使家长会议成为园长、教师的一言堂,而要鼓励各位家长畅所欲言,以促进家园双方的互动,形成合力。

(三)家长开放日

幼儿园可定期邀请家长来园参观,参加园内的活动,以增进家长对幼儿园教育工作的感性认识,了解教育内容,掌握教育方法,体会到教师工作的艰辛,更尊重教师,对孩子也更有耐心;并使家长在观察孩子集体活动时,能从不同的侧面认识自己的孩子,发现孩子与同伴的差距,看看孩子是否比以前有所进步,帮助孩子发扬优点,克服缺点,进一步改进家庭教育。鉴于家长不知道来园该看什么、怎么看等问题,幼儿园可为其设计一些简单的表格,引导家长观察孩子的活动,并做出评价,以提高开放日的效率。

(四)家长园地

幼儿园设置宣传栏、展览台、黑板报、陈列室,展示对家长有益的教育书刊和辅导材料,书写家庭教育的小常识,公布幼儿园的作息时间表、食谱、收费标准、集体活动要求及图片等,使家长能根据自己及孩子的实际情况和具体要求,有选择地进行观看,重点学习和观赏。比如,家长看到黑板报上"如何培养孩子良好的学习习惯"的标题时,想到自己家的孩子学习习惯较好,就可不去细看其具体内容;当家长看到旁边的"如何给孩子过生日"这一标题时,觉得很有兴趣,就可仔细阅读其具体内容。

在陈列室里,既有教师风采照片、种植的盆花、制作的教具、摄影图片,也有学前儿童的绘画作品、自制的玩具、观察气象日记、歌舞活动照片等,父母如果想激发孩子制作玩具的兴趣,培养孩子动手能力,就可带孩子一起来参观教师制作的教具和幼儿同伴自制的玩具。

教师也可在自己班级门外的墙壁上开辟一块空间,作为家长园地,定期向家长介绍教育的目标、内容、形式、方法,可以是某个学科的教案,也可以是某个主题教育活动的设计。

此外,还可根据家长的需要,有选择地提供一些指导家庭教育的内容。

(五)家庭教育咨询

家庭教育咨询是帮助家长释疑解惑的有效途径,其形式有个别咨询、团体咨询、电话咨询、宣传咨询、现场咨询等。幼儿园在进行家庭教育咨询时,可请有经验的教师或专业人员,专门接待家长,帮助家长分析孩子存在的各种问题,提出一些教育上的建议。

家庭教育咨询还应建立档案,把家长提出的问题、教师的指导建议等方面的信息记录在档,以保存原始的资料;对接受过咨询建议的学前儿童进行跟踪调查,以了解这些教育建议的效果和学前儿童的发展情况,为提高家庭教育咨询的质量服务。咨询档案一般应包括以下几个方面的内容:咨询人、咨询的问题、咨询的时间、咨询的地点、解决问题的人、解决问题的办法、教育效果等。咨询档案由一系列咨询表格汇总而成,咨询表的格式如表 7-2 所示。

表 7-2　学前儿童家庭教育咨询登记表

1.咨询时间:
2.咨询地点:
3.咨询人的情况: 与孩子的称谓关系:＿＿＿　年龄:＿＿＿　工作单位:＿＿＿ 电话号码:＿＿＿ 文化程度:＿＿＿　职业:＿＿＿　家庭住址:＿＿＿　电话号码:＿＿＿
4.咨询人的孩子的情况: 姓名:＿＿＿　性别:＿＿＿　出生:＿＿＿年＿＿月＿＿日　班级:＿＿＿

续表

5.咨询的问题： (1) (2)
6.原因分析： (1) (2) (3)
7.教育建议： (1) (2) (3)
8.教育效果： (1)孩子进步很大 (2)孩子有点进步 (3)孩子没什么进步

（六）接送时交流

家庭教育指导贵在经常、持久，接送时交流是一种简便易行的指导方式。每天早晨孩子入园时间以及每天傍晚孩子离园时间，都是幼儿园对家长进行指导的有利时机，教师要见缝插针，适时利用。比如，有位母亲早晨送孩子入园时，告诉老师：儿子胆小，体质又差，希望老师给予照顾，不要让孩子在室外爬高、奔跑。教师一边向她解释单纯保护孩子并不是一个好办法，一边请她观看孩子荡秋千、滑滑梯、玩"老鹰捉小鸡"游戏时的兴奋心情，使她明白只有让孩子多参加活动、多锻炼，才能从根本上解决其提出的问题。

（七）电话交谈

电话现已成为家庭较为普遍的通信工具，幼儿园指导家庭教育时，可以把它作为一个重要的"武器"，加以利用。第一，教师可把孩子当天发生的一些重要事情,告诉有关家长。第二,教师可把自己家的电话号码告诉家长,便于家长有事联系。第三,教师可把全班孩子家庭的电话号码记录下来,以便相互沟通。例如,有位孩子生病在家,两天未来上幼儿园。老师不仅自己给这位孩子打电话,了解他的病情,关心他的健康,而且还请其他家长在晚上,让自己的孩子给生病的同伴打个电话,以此学会关心别人,并使生病的孩子感受到集体的温暖。

(八)家园联系册

教师采用书面通信的方式与家长进行联系,向他们报告孩子在园的情况,征求他们的意见;了解孩子在家的情况,以共同教育好孩子。家园联系册的内容一般包括园历、教职员工名单及教师简历、幼儿园教育目标、作息制度、主要活动安排、孩子在园表现、家庭基本情况、家长主要情况、孩子在家表现等。家园联系册,每个孩子人手一本,可以每个星期反馈一次,也可以不定期地往返于幼儿园和家庭之间,教师应鼓励家长把家庭教育中的一些困惑写出来,大家共同探讨良策。

(九)家庭访问

教师通过家庭访问,能更深入地了解学前儿童在家庭中的情况及教育,和家长共商教育对策、家庭环境的创设。这种指导形式虽然花费的时间多,但效果却更好,能给家长实用、有效的帮助。

教师一般在幼儿园的新生来园报到前,要进行家访。家访前,教师要对孩子父母的职业、工作单位及文化程度有个大致的了解,对家访的内容做个粗略的安排,还可设计一些图表,便于家访后记录和分析。家访中,教师可与家长交谈,了解孩子的个性特点、行为习惯、兴趣爱好和家庭教育方面的情况,并对孩子的入园准备工作进行必要的指导。当学前儿童出现了一些不良行为,或有很好表现的时候,教师也要进行家访,以把隐患消除在萌芽之中,或强化学前儿童的良好行为。教师对表现不好的学前儿童进行家访,并不是去告状,而是为了及时向家长反映孩子身上所存在的问题,和家长一起商量解决的办法。

同时,教师进行家访,也能得到更多的关于孩子及其家庭的感性认识,为设计日后的教育活动奠定基础。

(十)家庭教育经验交流会

这是幼儿园通过推广家庭教育方面典型的好经验和好方法,指导家庭教育的一种重要形式。利用家长去教育家长、指导家长,会使家长觉得真实可靠,易学易效仿。

有些家长教子有方,在家庭教育实践中积累了许多宝贵的经验,他们就是潜在的教育资源,幼儿园应充分发挥他们在家庭教育指导中的作用,通过他们的言传身教来带动更多的家长。在组织经验交流会时,人数不宜过多,可以班级为单位,也可以小组为单位来进行。

幼儿园还可运用其他多种形式来指导家庭教育工作,如亲子活动、幼儿园网站、园长信箱、家园小报、电视录像、竞赛评比等。

第八章　学前教育教师的专业发展路径

学前教育教师是学前教育活动的主体之一,是整个教育活动的组织者和实施者,对学前儿童身心的发展具有很大影响。此外,学前教育的开展情况以及最终效果与学前教育教师有着极其密切的关系。因此,必须高度重视学前教育教师的专业发展。事实上,学前教育教师的专业发展问题在当前已成为我国学前教育研究关注的焦点。在本章中,将对学前教育教师专业发展的相关内容进行详细论述。

第一节　学前教育教师的角色定位与职业行为

学前教育教师是以学前教育为职业的专业工作者,其肩负着国家和社会的委托,在托幼机构向学前儿童进行专门的教育工作。对于学前儿童来说,学前教育教师是影响其发展的重要人物,即学前教育教师与学前儿童的关系将影响学前儿童的学习与成长。因此,学前教育教师必须要明确自己的角色定位,并切实表现出与其角色定位相符合的职业行为。

一、学前教育教师的角色定位

角色一词源于戏剧,原本指的是舞台上演员所扮演的人物。在 20 世纪 20 年代,社会学研究中引入了角色的概念,用以表示人在一定的社会关系中所处的地位和所起的作用。而学前教育教师作为社会中一个重要角色,指的是学前教育教师在托幼机构教育中各种行为模式的总和。此外,伴随着不同的历史时代的变迁,学前教育教师的角色也经历了不同的定位。

(一)学前教育教师角色定位的演变

在不同的历史时期和社会背景下,学前教育教师角色的发展以及学者们对学前教育教师角色的理论诠释也是有所差异的。总体来说,从学前教育产生到现在,学前教育教师的角色定位经历了以下几个阶段的转变。

1. 充当保姆阶段

在古代时,一些富贵人家通常会精心挑选女奴和女仆来承担照料幼儿的任务。但是,这些女奴、女仆们通常目不识丁,因此她们在照料幼儿的过程中只能扮演保姆的角色,职责也仅仅是照管孩子。比如,在古罗马时期,人们普遍认为幼儿在 7 岁之前必须学习,因而 7 岁之前的幼儿主要由保姆或教仆照料,充当的是幼儿生活的看护人。又如,我国古代的幼儿教育主要是以蒙养教育的形式开展,而绝大多数的蒙养教育是在家庭中进行的,因而负责年幼儿童的教育者主要充当的是保姆的角色。

总之,古代时期的学前教育工作者只被当作保姆,或实际上只能承担保姆的职责,要么只保不教,要么以保为主,辅以教育。在这样的学前教育工作者指导下的学前认同,其身体可能得到较好的呵护,但心理水平和知识才能未能得到同步发展。

2. 充任教师阶段

伴随着大工业发展的不断深入以及科技的不断进步,人们对幼儿和学前教育的期望越来越大,社会对学前教育工作者的要求也越来越高,即要求学前教育工作者不仅能从事保育工作,而且能启发、诱导幼儿,促进幼儿身心的全面发展。

在此影响下,学前教育工作者需要不断提高自身的素质,其主要职责也开始由保育转为教育,或以教育为主。如此一来,学前教育工作者就逐渐转变为教育者,其称呼也开始由"保姆"转为

"教师"。比如,在西方,幼教之父福禄贝尔认为,幼教工作者的主要职责是用"恩物"教育孩子,因此在他的幼教机构中,幼教工作者都是教师,而非传统的保姆式人物;在我国,中华人民共和国成立后,通过学习苏联的学前教育经验,在学前教育方面实施了分科教学,强化了"上课""教学"这类概念,学前教育工作者由此演变为只教不保的工作人员,表现出日益明显的教师职业特点。但是,单一的教师角色妨碍了学前儿童身心的和谐发展,违背了学前儿童身心发展的特点,从而削弱了教师对学前儿童的影响力。

3. 角色多样化阶段

随着时代的进步和思想的发展,人们对学前教育教师的角色的期望已出现了多样化的趋势。比如,皮亚杰认为,学前教育教师应是学前儿童的游戏伙伴;蒙台梭利认为,学前教育教师应是学前儿童学习的指导者和引导者;还有人认为,学前教育教师应做学前儿童母亲的替代者、学前儿童的知心朋友等。

总之,随着社会的发展与进步,学前教育教师的角色呈现出多样化的趋势。而学前教育教师角色的这一发展趋势,不仅有利于学前儿童的社会化,而且有利于学前儿童的身心健康发展。

(二)当代学前教育教师的角色定位

伴随新时代的来临,人们呼唤着对学前教师的角色进行重塑。就我国来说,根据学前教育教师工作开展的方方面面以及新时代下的国家政策方针,学前教育教师在当代需要承担的角色有以下几个。

1. 学前教育教师应成为学前儿童的养护者

学前教育机构是学前儿童迈向社会的第一站,也是学前儿童所遇到的第一个社会性机构。由于学前儿童缺乏生活经验,身心发展水平较低,在情绪情感上具有很强的依恋心理,这就要求学前教育教师要善于满足学前儿童的心理需要,做他们的亲人,成为他们尊敬和爱戴的长者。也就是说,学前教育教师不能只是一位教学工作者,其"养护者"或者说"照料者"的角色也是至关重要的。此外,学前教育教师对学前儿童的"养护",不仅是指对学前儿童生理、生活上的照顾,更重要的是包含着对其积极良好的情绪情感状态、健康人格、个性品质、社会性品质与行为等多方面心理发展予以积极的关注与呵护。为此,学前教育教师在教育教学的过程中要特别做好以下几方面的工作。

第一,学前教育教师必须要成为学前儿童权利的保障者。学前儿童具有主动活动、学习与发展的能力,学前儿童的发展过程就是儿童"内在潜力"得以不断展示的过程。因此,自主活动、自主学习、主动发展是学前儿童在成长中应该享有的基本权利。对此,学前教育教师应有清晰的认知,并努力成为学前儿童实现这些权利的重要保障者。

第二,学前教育教师必须要与学前儿童形成良好的师幼依恋关系,以便让学前儿童在良好的师幼互动中得到更多积极正向的情感感受,这对于学前儿童的全面发展是有重要帮助的。

第三,学前教育教师必须要为学前儿童的发展创设适宜的气氛与环境(包括物质环境与精神环境),以便学前儿童在舒适、温馨、安全和有秩序的气氛与环境中得到健康成长。

2.学前教育教师应成为学前儿童学习的支持者、指导者与促进者

新《幼儿园教育指导纲要》给我国的学前教育教师的角色做出了清晰明确的定位,即学前教育教师要成为学前儿童学习的支持者与指导者。

(1)学前教育教师应成为学前儿童学习的支持者

适宜的教育支持是教育的核心成分,也是学前儿童发展的重要条件之一。可以说,教育支持是对学前儿童学习的基本尊重。因此,学前教育教师应注意从文化知识的传授者的传统角色转变为学前儿童学习的支持者。而学前教育教师对学前儿童学习的支持,主要体现在激发与鼓励学前儿童学习的兴趣、探究心,帮助学前儿童形成积极的学习态度,掌握有效的学习方法,从中获得学习的乐趣;帮助学前儿童学会思考、学会求知、学会探索、学会创新、学会主动学习,以便为学前儿童今后的学习与发展奠定良好的基础。此外,为学前儿童的学习提供丰富的物质材料、为学前儿童的学习创造良好的环境,也是学前教育教师支持学前儿童学习的重要表现。

(2)学前教育教师应成为学前儿童学习的指导者

学前教育教师应成为学前儿童学习的指导者,也就是学前教育教师应做学前儿童学习的引路人和身心发展的指引者。蒙台梭利认为,学前教育教师的工作就是指导学前儿童在活动中学习,就是依据学前儿童的成熟程度为其提供活动的环境及进行作业的教具。此外,学前教育教师对学前儿童学习的指导体现在方方面面。比如,通过提供新的玩具教具,引导学前儿童关照新的对象,发现新的问题,找到更好的解决问题的办法,产生新的兴趣和探索的目标与动力;通过用语言、动作、姿势、作品、玩具、环境等多种方式引导学前儿童的学习等。

(3)学前教育教师应成为学前儿童发展的促进者

学前儿童在幼儿园里不仅学知识,还要学做人,学做事,学习过幸福的生活。因此,学前儿童的成长和发展不是靠学前教育教师简单地教知识、学前儿童学知识的过程就能实现的。学前教育教师的角色任务在于促进学前儿童的整体发展,即学前教育教师应协助学前儿童增进其对周围世界的了解和培养其继续学习的兴趣,还应促进其个性品质、社会性等多方面能力的生成。具体来看,学前教育教师对学前儿童发展的促进作用主要表现在以下几个方面。

第一,促进学前儿童认知与智能的发展,包括对学前儿童知识与经验的传授,解决问题的能力、创新精神等方面的指导与培养。

第二,促进学前儿童的学习动机,激发学前儿童学习的兴趣与爱好。

第三,促进学前儿童情感、行为、交往、人格等方面的提高与发展。

第四,促进学前儿童主动学习、自主学习、合作学习的意识、态度与倾向。

3.学前教育教师应成为学前儿童课程的研发者和实施者

随着课程改革的不断深入,课程资源的重要性得到了日益凸显,而且课程资源的丰富性、实施范围和实施方式等都将影响学前教育课程目标的实现情况和有益范围。因此,作为对学前儿童的知识水平、能力范围、兴趣等有较充分认知的学前教育教师,必须要积极参与到学前儿童课程的研发与实施之中,以便更好地满足学前儿童的学习与成长需要。此外,学前教育教师要切实成为学前儿童课程的研发者和实施者,必须要注意在工作中进行观察与反思,时刻对课程和教学保持严谨态度,将经验上升到理论层面,提高课程实施的质量。

4.学前教育教师应成为幼儿园管理的参与者

学前教育教师的工作主要是在幼儿园中开展的,而且学前教育教师在幼儿园管理过程中起着极其重要的作用。因此,学前教育教师必须成为幼儿园管理的参与者,积极协助幼儿园管理者创建有利于学前儿童健康成长、快乐学习的环境与氛围,以便学前儿童能够得到更好的发展。

5.学前教育教师应成为学前儿童家长的协助者

学前儿童来自各个不同的家庭,而且家庭教育在学前儿童的发展中起着极为重要的作用。此外,家庭教育只有与幼儿园开展的学前教育保持一致性,才能确保学前教育取得良好的成效。因此,学前教育教师必须要发挥家庭和幼儿园之间连接的纽带作用,确保学前儿童不论在家庭中还是在幼儿园中都能得到良好的教育。为此,学前教育教师要特别注意与家长保持密切的关系,及时与家长进行有效的沟通,指导家长学习科学的教养方式,积极协助他们做好家庭教育。

6. 学前教育教师应成为学前儿童与社会沟通的中介

学前教育教师是使学前儿童接触、了解社会,并开阔其视野,使其走向社会生活的重要引路人。学前儿童对社会积极的认知、态度与情感体验都是在与学前教育教师的交往中完成的。学前教育教师不仅在幼儿园组织开展大量与学前儿童的社会生活密切相连的教育活动,而且经常带领学前儿童走向社会,直接帮助学前儿童了解、体验社会生活。在这些活动中,学前教育教师适时地结合学前儿童的经验和感受,教给他们大量的社会规则、行为规范,引导他们观察、体会人与人之间适宜的情感态度、相互关系和相处方式,并积极创造机会条件,帮助他们锻炼、实践并逐步掌握友好恰当的交往行为和技能策略。这正是学前教育教师不仅帮助学前儿童融入班级、幼儿园小群体,而且为其走向更大、更广的社会生活奠基的表现。

7. 学前教育教师应成为终身学习者

学习是贯穿人一生的事情,因此作为基础教育重要组成部分的学前教育应当渗透终身学习的理念。而此实现的一个重要前提,就是学前教育教师要成为终身学习者。

社会发展迅速,信息化时代的影响深远,学前教育教师的生存是一个永无止境的完善过程和学习过程。面对尚处于幼年时代的教育对象,学前教育教师应摒弃教育惯性,树立起积极学习的态度,努力学习新的知识,培养新的技能,为自身建立开放的知识体系才能跟进时代,切实做好新时代的学前教育教师,为学前教育事业的开展做好坚强的后盾。

二、学前教育教师的职业行为

作为评价与衡量学前教育教师的关键因素之一的学前教育

教师的职业行为,是以学前教育教师职业活动的内在要求为依据产生的,并影响着每个学前儿童的健康成长和学前教育的健康发展。

(一)学前教育教师职业行为的内容

学前教育教师职业行为涵盖的内容是十分广泛的,其中较为重要的有以下几个。

1.爱国守法,依法执教

学前教育教师职业行为中的"爱国守法,依法执教",主要包括以下几个方面。

第一,所有的学前教育教师都应具备爱国的最基本情感,并注意在教育教学工作中体现爱国意志和行为,从而积极引领学前儿童的爱国思想。

第二,所有的学前教育教师只有取得合法的幼儿教师资格证才能上岗。

第三,所有的学前教育教师在教育教学中必须严格贯彻党和国家的教育方针政策以及各项规章制度。

第四,所有的学前教育教师都要真心地爱护、关心学前儿童,并要切实采取有效的措施来预防学前儿童的合法权益被侵害。

2.团结友爱,共促发展

学前教育是一项系统性的工作,只有所有的学前教育工作都真正团结在一起,才可能促进学前教育不断取得成效。因此,学前教育教师在开展教育教学活动的过程中,既要各司其职又需要通力协作,相互鼓励,取长补短,互相扶持,形成教育的合力,切实促进学前教育以及学前儿童的健康、可持续发展。

3.家园共育,做好服务

对于学前教育教师来说,与家长共同合作、共同协作来促进学前儿童的健康全面发展也是其职业行为的一个重要表现。为此,学前教育教师要切实做好以下几方面的工作。

第一,学前教育教师要尊重家长,以诚相待,对所有家长一视同仁。

第二,学前教育教师要积极向家长宣传科学教育理念与方法,获得家长的支持,共同教育孩子。

第三,学前教育教师要主动与家长沟通联系,认真听取家长的意见与建议。

第四,学前教育教师要热情服务家长,设身处地为家长考虑。

4.严谨治学

教书育人是一项职责重大的严肃工作,尤其是面对尚未成熟的学前儿童,来不得半点虚假、敷衍和马虎,否则必辱使命。因此,学前教育教师必须要严谨治学,即在研究学问、钻研业务和传授知识的过程中做到严肃认真,一丝不苟地对待工作职责要求,表现实事求是的工作精神或工作态度。

5.勇于创新

学前教育是发展的事业,学前教育的对象是发展的对象,因此在学前教育教学研究和教学实践中,学前教育教师要重视吸收最新的教育教学成果,并创造性地将其运用到自己的教育教学过程之中。只有这样,学前教育教师才能更好地开展教育教学活动,促进学前儿童的健康全面发展。

6.终身学习

当前的社会是一个信息社会,知识的增长呈现出爆发式态势,知识更新的速度也不断加快。面对这一现实,学前教育教师只有不断学习,才能不断丰富自己的知识储备,更新自己的知识结构,提高自己的道德修养,继而更好地帮助学前儿童发展,让自己在不断的进步中成为一名优秀的学前教育教师。

(二)学前教育教师职业行为的影响因素

学前教育教师的职业行为会受到多方面因素的影响,其中较为重要的有以下几个。

1.社会制度

学前教育教师的职业行为会受到社会制度的明显影响。以我国来说,我国是社会主义国家,我国的学前教育也是以社会主义为基石的。这就决定了学前教育教师的职业行为必须符合社会制度的各项要求。

2.方针政策

学前教育教师的职业行为,也是受到国家制定的各项方针政策的影响。比如,我国在 2012 年颁布的《幼儿园教师专业标准(试行)》,就对学前教育教师的职业行为进行了规范,对于学前教育教师更好地开展工作具有重要的指导意义。

3.幼儿园的管理制度

幼儿园是学前教育教师工作的场所,而且学前教育教师的大部分职业行为的形成和实践都是在幼儿园内完成的。因此,幼儿园的管理制度也是影响学前教育教师职业行为的一个重要因素。

4.学前教育教师自身

在学前教育教师职业行为的影响因素中,学前教育教师自身是最为根本的一个因素。学前教育教师自身是其职业行为的出发点、实施者、调整者与控制者,具有很强的主观能动性,其中最能够影响到其职业行为的自身因素便是教育观念。

学前教育教师只有真正以学前儿童为本,以促进学前儿童身心素质的全面发展作为全部工作的出发点和落脚点;只有真正具备先进的教育观念,大胆采用新的教育方式,才能实现一种"快乐式"的学前教育,让学前儿童在快乐的氛围中学习与成长。

5.学前教育教师的评价

学前教育教师的职业行为,也会受到学前教育教师评价系统的影响。学前教育教师的评价系统实际上是对学前教育教师职业行为的一种监督与考察,学前教育教师的职业行为有没有做到、履行得好不好都应该在教师考核的系统里得到充分体现。如此一来,学前教育教师的评价系统就能够对学前教育教师的职业行为起到防微杜渐、及时修正的作用。

第二节 学前教育教师的专业素养

专业素养是从业者所固有的一种职业品质,即从业者通过学习与训练而获得的履行某一职业或专业所必须具备的条件、要求与能力。对于学前教育教师来说,要想有效地开展学前教育活动,切实促进学前儿童的全面发展,就需要具备良好的专业素养。

一、学前教育教师专业素养的含义

学前教育教师的专业素养是伴随着学前教育教师这一社会职业的产生、发展而提出并得到逐渐完善的,指的是学前教育教师为了更好地开展保教工作、促进学前儿童的健康发展而必须具备的各种品质的总和。

学前教育教师的专业素养对学前教育的质量有着重要的影响,而且学前教育教师的专业素养一旦形成,便具有一定的稳定性,能够在较长的时期内保持不变。此外,学前教育教师由于自身发展、教学任务等方面的不同,在专业素养方面也会表现出一定的差异。

二、学前教育教师专业素养的构成

学前教育教师的专业素养是一个系统结构，主要由以下几方面的内容构成。

(一)学前教育教师的专业态度

学前教育教师的专业态度指的是学前教育教师对学前教育工作的态度与行为，具体包括以下几方面的内容。

1.学前教育教师对职业道德、职业理想与职业价值的理解与实践

学前教育教师对于职业道德、职业理想和职业价值的认识，是培养学前教育教师的职业意识和信念的基本前提，也是学前教育教师对自己所从事的教育事业的性质、任务、作用、价值以及自身角色和责任的认识。学前教育教师首先应该是有强烈的职业意识和信念，认同了学前教育工作这个职业，理解学前教育教师的职业价值，才会树立自己的职业理想，而遵守职业道德规范是实现职业理想的唯一途径。

(1)学前教育教师的职业道德

学前教育教师的职业道德，就是学前教育教师在教育教学工作中必须遵守的各种行为准则和道德规范的总和。它集中体现了学前教育教师的思想觉悟、道德品质和精神面貌，也是学前教育教师最基本、最重要的职业准则和规范。具体来说，学前教育教师良好的职业道德主要体现在以下几个方面。

第一，热爱学前教育事业，能够对学前教育事业倾注满腔的爱和热情，任劳任怨，不计较个人的得失。

第二，热爱、尊重学前儿童，保护学前儿童的合法权益。

第三，关心、团结集体，尊重同事，与全体同事在协同合作中完成自己的教育教学任务。

第四，尊重家长，理解家长对子女的关心，坦诚与家长交流，与家长密切合作来促进学前儿童的健康成长。

（2）学前教育教师的职业理想

学前教育教师的职业理想就是学前教育教师在职业上依据社会要求和个人条件，借想象而确立的奋斗目标，即学前教育教师渴望达到的职业境界。它是学前教育教师实现个人生活理想、道德理想和社会理想的手段，并受社会理想的制约，也是学前教育教师对职业活动和职业成就的超前反映。

在教育部颁布的5号文件《关于进一步加强和改进师德建设的意见》中，明确指出了学前教育教师职业理想的内容，即学前教育教师"要树立正确的教师职业理想。广大教师要有强烈的职业光荣感、历史使命感和社会责任感，以培育优秀人才、发展先进文化和推进社会进步为己任，站在时代的前列，努力成为为人民服务的践履笃行的典范。要志存高远，爱岗敬业，忠于职守，乐于奉献，自觉地履行教书育人的神圣职责，以高尚的情操引导学生全面发展。要正确处理个人与社会的关系，反对拜金主义、享乐主义和极端个人主义，把本职工作、个人理想与祖国的繁荣富强紧密联系在一起"。

（3）学前教育教师的职业价值

学前教育教师的职业价值既体现在它为人类进步、社会发展、学前儿童成长所作出的贡献上，也体现在学前教育教师获得的各种物质待遇、经济报偿与精神荣誉上。具体来说，学前教育教师的职业价值主要体现在以下两个方面。

第一，学前教育教师在职业岗位上辛勤工作，可以获得社会、国家、学生的报酬、认可与尊重，满足他们个人物质生活、精神生活的需要，体现学前教育教师个人的社会价值。

第二，学前教育教师在职业生活中可以通过奉献社会、奉献国家、奉献学生获得职业生活的价值感，找到生活的意义，尤其是当看到"桃李满天下"时，一种职业的自豪感、幸福感会油然而生。

2.学前教育教师对学前儿童的态度与行为

学前教育教师最直接的工作对象便是学前儿童，因此学前教育教师对学前儿童的态度与行为也体现着其专业态度。具体来说，学前教育教师对学前儿童的态度与行为应包括以下几方面的内容。

第一，由于爱是学前儿童健康成长的最基本前提和需要，因此学前教育教师在对待学前儿童时，应发自内心地关心、热爱他们，而且对待所有的学前儿童必须一视同仁，决不可厚此薄彼，以便所有的学前儿童都能获得平等的教育机会，都具有幸福快乐的童年生活。这是学前教育教师对待学前儿童态度和行为的最基本的方面。

第二，学前教育教师要容忍和尊重学前儿童的差异，并充分发展每个学前儿童的天赋和优势。

第三，学前教育教师要有强烈的责任心，这主要表现在两个方面：一是学前教育教师要抱着对学前儿童的发展负责的态度，不仅要把学前儿童作为一个年幼的个体来培养，而且要把学前儿童作为一个成长中的个体、未来和社会的成员来培养，不仅要对每一个学前儿童在学习期间负责，而且要对每个学前儿童一生的学习和发展负责，对其长远的发展负责；二是学前教育教师要尽力做好自己的工作，对工作要有高度的责任感，并在工作时间和工作范围的认可情况下，切实按照学前教育教师职业的规则和要求做好本职工作。

第四，学前教育教师要时刻牢记保证与保护学前儿童的生命安全、学前儿童的权利与利益，以便以最好的态度对待学前儿童。

3. 学前教育教师对学前儿童保教结合型工作的态度与行为

在开展学前教育时，一个最基本的原则便是保教结合。事实上，学前教育教师在开展日常工作时，保教工作也是相互影响、相互渗透、不可分割的。因此，学前教育教师要想自己的教育教学工作取得良好的成效，必须正确地对待保教结合型工作，并积极采取有效的工作来促进保教结合型工作顺利开展并取得良好的成效。具体来说，学前教育教师对待学前儿童保教结合型工作的正确态度与行为要包括以下几个方面。

第一,学前教育教师在日常保教工作中,应该以饱满的热情、积极的态度认真投入到工作中,对自己所从事的教育事业恪尽职守、努力工作。

第二,学前教育教师在日常保教工作中,要切实秉承爱心、细心、耐心与用心的态度,以及坚守激发学前儿童的兴趣与好奇心为主、言传身教的态度。

第三,学前教育教师在日常保教工作中,要有开拓和创新精神,积极推动保教工作的发展与改革,以便保教工作不断取得成效。

第四,学前教育教师在日常保教工作中,要不断学习和反思,以便在提高自身综合素质的基础上,更好地开展保教工作。

(二)学前教育教师的专业知识

学前教育教师由于其职业特点和专业发展的要求,需要自觉地提高自身的专业知识,为所从事的学前教育事业奠定坚实的理论基础。具体而言,学前教育教师需要具备的专业知识包括以下几个方面。

1.学前儿童身心发展知识

学前教育教师要想做好教育学前儿童的工作,掌握学前儿童身心发展知识是必需的。此外,在学前教育教师的专业知识结构中,学前儿童身心发展知识处于核心地位。关于学前教育教师需要掌握的学前儿童身心发展知识的内容,具体见图8-1。

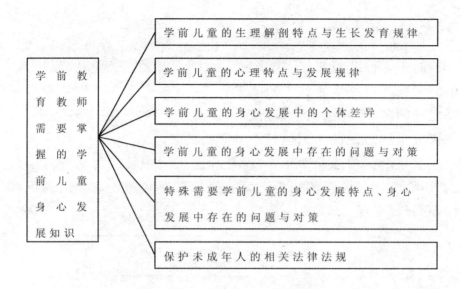

图 8-1　学前教育教师需要掌握的学前儿童身心发展知识

2. 学前儿童保育与教育知识

对于学前教育教师来说，其工作实际上就是实施学前儿童的保育与教育工作，因而全面、深入地掌握学前教育保育与教育知识也是十分必要的（图 8-2）。

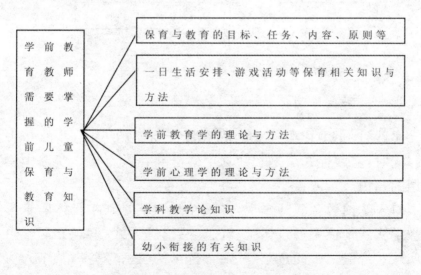

图 8-2　学前教育教师需要掌握的学前儿童保育与教育知识

3.通识性知识

对于学前儿童来说,周围的一切看起来都是新鲜而陌生的,他们有强烈的好奇心和求知欲去探寻外界,进而会产生各种奇奇怪怪的问题,需要成人予以解答。因此,对于学前教育教师来说,掌握大量的通识性知识也是十分必要的。

这里所说的通识性知识,就是社会生活中被广为认可与接受的常见、常用及流行的知识。而学前教育教师需要掌握的通识性知识,具体见图8-3。

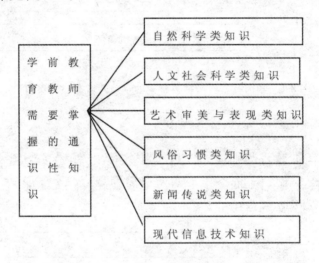

图8-3 学前教育教师需要掌握的通识性知识

4.个人实践性知识

实践性知识主要与教育情境紧密相连,是内隐性的知识体系。同时,实践性知识是教师真正信奉并在教育教学实践中实际运用的知识。

对于学前教育教师来说,实践性知识就是其在具体的日常教育教学实践情境中通过体验、沉思、感悟等方式,发现和洞察自身的实践和经验之中的意蕴,并融合自身的生活经验以及个人所赋予的经验意义,逐渐积累而成的运用于学前教育实践的知识。此外,学前教育教师的个人实践性知识大多是只可意会不可言传的。

(三)学前教育教师的专业能力

学前教育教师的专业能力是学前教育教师在保教工作中形成并表现出来的、直接或间接影响保教活动的成效与质量的能力总和。它是学前教育教师实施保育工作的实践基础,主要包括以下几方面的内容。

1.观察和了解学前儿童的能力

学前儿童不像成人那样善于将自己的需求、感受等用语言表达出来,其内心活动和情绪情感主要是通过面部表情、肢体动作等表现出来的。这就需要学前教育教师必须具有明锐的观察力,善于捕捉学前儿童所释放的各种"身体信息"以及内心活动的细微表现,从而对学前儿童进行良好的引导。

2.环境的创设与利用能力

环境也是重要的教育资源,学前教育教师通过对环境的合理创设与有效利用,既可以保障学前儿童的生命安全,也可以促进学前儿童身心的健康发展。具体而言,学前教育教师的环境创设与利用能力主要是通过以下几个方面表现出来的。

第一,能够创设有助于促进学前儿童成长、学习、游戏的教育环境。

第二,建立班级秩序与规则,营造良好的班级氛围,让学前儿童感受到安全、舒适。

第三,能够合理利用资源,为学前儿童提供和制作适合的玩教具和学习材料,引导和支持学前儿童的主动活动。

第四,能够建立良好的师幼关系,帮助学前儿童建立良好的同伴关系,让学前儿童感到温暖和愉悦。

3.学前儿童一日生活的设计与组织能力

在学前儿童的一日生活之中,需要贯穿各种保育与教育活动,以促进学前儿童的健康发展。因此,学前儿童一日生活的设计与组织能力,也是学前教育教师必须要具备的一项重要能力。具体而言,学前教育教师针对学前儿童一日生活的设计与组织能力主要是通过以下几个方面表现出来的。

第一,能够合理安排和组织一日生活的各个环节,将保育与教育灵活地渗透到一日生活中。

第二,能够科学照料学前儿童的日常生活,指导和协助保育员做好班级常规保育和卫生工作。

第三,能够充分利用各种教育契机,对学前儿童进行随机教育与随时渗透。

第四,能够有效保护学前儿童,及时处理学前儿童的常见事故,做到危险情况优先救护学前儿童。

4.课堂组织能力

学前教育强调保教结合,其中的"教"在大多数时候指的是课堂教学。因此,对于学前教育教师来说,具备一定的课堂组织能力也是极其重要的。为此,学前教育教师要特别注意以下几个方面。

第一,要切实掌握学前教育的基础知识与技能,这是组织好课堂教学的预前准备。

第二,要在组织课堂教学时摆脱程式化的传输和机械化的训练,以便活跃课堂气氛,有效激发学前儿童的学习兴趣和学习积极性。

第三,要在遇到课堂突发情况时,能灵活地运用教育机制进行解决。

第四,要切实掌握计算机教学、互联网教学等现代化的教学手段和教学技术,以促使课堂教学取得良好的成效。

第五，要注意在课堂教学中渗透保育知识，以达到保教互渗透的效果。

第六，要能够根据学前儿童的表现和需要，制订具有趣味性、综合性和生活化的教育活动计划和具体活动方案。

5.语言表达能力

对于学前教育教师来说，学习怎样与学前儿童对话是一门必修课。学前儿童不同于成年人，能否运用符合学前儿童特点的语言表达，影响着学前教育教师的教育行为的效果。生动具体、丰富幽默的言语表达比照本宣科、沉闷死板的言语表达更能引起学前儿童的注意和喜欢，同时也能够为学前儿童做好示范榜样的作用，从而能更好地达到尊重学前儿童、关心学前儿童的目的。此外，良好的谈吐与表达使得学前教育教师在与家长进行沟通时能有效传递信息，达到家校联合教育的目的。因此，良好的语言表达能力也是学前教育教师必须要具备的。

6.沟通与合作能力

学前教育教师在开展学前教育工作时，不仅需要与学前儿童沟通，还需要与同事、家长及社区保持沟通与合作。因此，良好的沟通与合作能力也是学前教育教师必须要具备的。为此，学前教育教师要特别注意以下几个方面。

第一，要注意使用符合学前儿童年龄特点的语言进行保教工作。

第二，要善于倾听，和蔼可亲，与学前儿童进行有效沟通。

第三，要能够与同事合作交流，分享经验和资源，共同发展。

第四，要能够与家长进行有效沟通合作，共同促进学前儿童的发展。

第五，要协助幼儿园与社区建立合作互助的良好关系。

7.反思与创新能力

学前教育教师的反思与创新能力决定了学前教育教师的职

业行为的续航力。

（1）反思能力

善于反思是学前教育教师从事学前教育教学活动的核心能力之一，是学前教育教师为了保证学前教育的成功，达到预期的目标，将学前教育活动本身作为意识的对象，不断地对其进行积极、主动的计划、检查、评价、反馈、控制、调节的能力，能促进学前教育教师职业技能的提升。一次或一阶段教育活动完成后，学前教育教师需要总结和反思自己的教育实践活动，是否适合学前儿童的实际水平，是否能有效促进学前儿童的发展，及时分析出优缺点，积极主动地吸收新思想和新理念，改进自己的教学，锐意创新，做好学前儿童的开发性教育，才算是严谨地对待了自身的职业。

（2）创新能力

只有具备创新能力的学前教育教师，才能在行为中体现其职业独特的探索性和艺术性。创新型的学前教育教师会开拓、发展学前儿童的创造性，无创造性的学前教育教师多会压抑学前儿童的创造性。因此，学前教育教师具有创新能力是现代学前教育教师职业能力结构不可缺少的一方面。

8. 教育监控能力

学前教育教师的教育监控能力，指的是学前教育教师对自己组织的教育教学活动进行积极主动的自我认知、自我调节的能力，具体包括以下几方面的内容。

第一，学前教育教师能够根据学前教育的任务、材料，学前儿童的兴趣、需要、发展水平、发展潜能，以及自己的教育教学能力确定适宜的教育教学目标与计划，合理组织与安排教育活动的步骤，以确保学前教育取得良好的成效。

第二，学前教育教师在教育教学过程中，要随时对班级情况进行监控，以便依据实际情况对教学活动进行一定的调整。

第三，学前教育教师在教育教学过程中，要对学前儿童的发

展状况作出较为全面、客观、准确的评价,以便及时发现学前儿童
存在的问题并予以改正。

9.游戏活动的支持与指导能力

学前教育教师在开展学前教育活动时,最主要的一个手段便
是游戏活动。因此,游戏活动的支持与指导能力也是学前教育教
师必须要具备的一个重要能力,具体包括以下几方面的内容。

第一,能依据学前儿童的兴趣、需要、年龄特点和发展游戏目
标所需条件对游戏进行合理设计。

第二,能充分利用与合理设计游戏活动空间,提供丰富、适宜
的游戏材料,支持、引发和促进学前儿童的游戏。

第三,能鼓励学前儿童自主选择游戏内容、伙伴和材料,支持
学前儿童主动地、创造性地开展游戏,充分体验游戏的快乐和
满足。

第四,能引导学前儿童在游戏活动中获得身体、认知、语言和
社会性等多方面的发展。

10.科研能力

对于现代的学前教育教师来说,教育科研能力也是其必须要
具备的。学前教育教师进行学前教育科研,对于提高学前教育的
保教质量、促进学前儿童的全面健康发展、提高学前教育教师的
专业素养等都有重要的现实意义。因此,学前教育教师切不可仅
仅满足于扮演好传统的"教书匠"角色,还要确立"教师也可以是
研究者"的观念,从"教学型"教师向"教研型"教师转变。

第三节　学前教育教师的专业发展途径

学前教育教师的专业发展,就是学前教育教师在保教工作
中,经由参与各种学习活动及反省思考的过程,在观念、知识、能

力、专业态度和动机、自我专业发展需求意识等不同侧面达到符合学前教育教师专业标准的过程。① 它既是学前教育教师提高自身社会地位的需要,也是学前教育教师实现自身内在生命价值的需要,还是促进学前儿童健康发展、提高学前教育质量的需要。因此,学前教育教师必须积极采取有效的途径来促进自身的专业发展,具体可从以下几方面着手。

一、积极参加职前培养与职后培训

对于学前教育教师来说,积极参加职前培养与职后培训是促进自身专业发展的一个重要途径。

(一)积极参加职前培养

学前教育教师要想实现自身的专业发展,一个重要的途径便是参加职前培养。我国学前教育教师职前培养主要由中等师范学校与幼儿师范学校、高等师范大学的学前教育系来完成。通过本科层次学前教育教师的培养提高学前教育教师队伍整体素质,是实现学前教育教师专业发展的途径之一。

(二)积极参加职后培训

学前教育教师的专业发展是一个长期的过程,是一个终身学习的过程。而且,学前教育教师在自己的职业生涯过程中,为了更好地开展教育教学工作,实现教育教学的目的,必须要定期更新和补充自己的知识、技巧和能力。由于学前教育教师职后培训是学前教育教师更新和补充自己的知识、技巧和能力的一个重要手段,因而积极参加职后培训也是学前教育教师促进自身专业发展的一个重要途径。就目前来说,学前教育教师参加职后培训的方式主要有以下几种。

第一,通过观摩和分析优秀学前教育教师的教育教学活动,

① 芦苇,等.学前教育学[M].北京:中国人民大学出版社,2015:274.

体验多种教育风格的魅力,掌握各种教学技能和技巧,从而有意识地调整自己的教育教学行为,以便取得更好的教学教学成果。

第二,通过参与微格教学来提高自己的教育教学技能,继而促进课堂教学质量的不断提高。

第三,通过合作学习的方式来获得专业成长。当前学前教育教师专业发展已经从以往关注学前教育教师的自治和个人发展,转向强调合作文化和教师的集体成长,强调学前教育教师之间以及在教育实践活动上的专业对话、沟通、协调和合作,共同分享经验,通过互动互相学习、彼此支持。因此,合作学习也是对学前教育教师进行职后培训的一个重要方式。

二、不断提升自己的专业素养

学前教育教师不断提升自己的专业素养,也是学前教育教师实现自身专业发展的一个重要途径。而学前教育教师在提升自己的专业素养时,可着重从以下两方面着手。

(一)不断优化自己的知识结构

学前教育教师的专业知识是学前教育教师胜任学前教育教学工作所必须具备的知识。前面已经说到,学前教育教师的知识结构主要由学前儿童身心发展知识、学前儿童保育与教育知识、通识性知识和个人实践性知识构成,因而学前教育教师在优化自己的知识结构时可具体从这四个方面着手。

1.优化学前儿童身心发展知识

学前教育教师在优化自己所掌握的学前儿童身心发展知识时,可具体从以下几方面着手。

(1)优化学前儿童身心发展的一般规律知识

学前教育教师在优化学前儿童身心发展的一般规律知识,要全面、深入地理解和解决以下几个问题。

第一,学前儿童的身心发展是什么?

第二,学前儿童的身心发展是怎样一个过程?

第三,学前儿童的身心发展遵循着什么样的规律?

第四,学前儿童的身心发展受哪些因素影响?

(2)优化学前儿童发展的年龄特征与个体差异知识

学前儿童的年龄特征代表着特定年龄阶段多数学前儿童的发展水平和状况。学前儿童之间的个体差异反映发展的多样性。学前教育教师对学前儿童发展的年龄特征与个体差异知识的优化途径是学习多元智能理论中对智力差异的研究。多元智能理论不是简单地将智力差异看作"等级性"的,而是将它视为"结构性"的,即每个人都有自己的优势智力和独特的智力组合,都有自己的特点和风格,只要能发现和识别每个儿童的智力潜力和特点,就可以用适合其风格和特点的方式来促进学习与发展。

(3)优化学前儿童发展中的常见问题以及有特殊需要学前儿童的相关知识

有的学前儿童在发展过程中可能会出现一些问题,这些问题中有些有先天原因,有些则源于后天教养方式不当。学前教育教师需具备相关知识,以便能及早发现班上学前儿童在体能、情绪及心智行为方面存在的潜在问题,早干预、早治疗。当然,其中有些问题不是学前教育教师自己或者家园合作能够解决的,但可以向家长提出请医生诊断和治疗的建议。

(4)优化与学前儿童生存发展权利有关的法律法规知识

作为学前教育教师,应该了解相关法律法规与政策的主要内容和基本精神,将保护学前儿童的基本权利视为自己的责任和义务。因此,学前教育教师必须及时根据时代的发展变化以及国家在学前儿童生存发展权利方面的政策,及时优化自己与学前儿童生存发展权利有关的法律法规知识。

2. 优化学前儿童保育与教育知识

学前教育教师要优化学前儿童保育与教育知识,可具体从以下几方面着手。

第一，要及时依据学前教育的发展实际、学前儿童的身心发展状况等对学前儿童保育与教育的目标、任务和基本原则等相关知识进行优化，以便学前儿童保育与教育工作取得更好的成效。

第二，要不断优化学前教育的内容、途径与方法知识，即要根据学前儿童发展的特点和国家的学前教育目标，在自己的教育教学实践中灵活地运用学前教育的相关知识。

第三，要及时根据不断更新的保健与安全知识以及自己的相关经验来优化学前儿童的卫生保健与安全知识。

第四，要进一步优化学前儿童学习与发展的基本方法知识，掌握一些了解学前儿童的基本方法。

第五，要注意优化幼儿园与其他阶段的教育衔接知识，以便学前儿童能够在认知能力与基础知识、学习态度与习惯、社会适应等方面，为今后的学习和生活打下良好的基础。

3. 优化通识性知识

随着社会的发展、科技的进步，知识也处于不断的丰富与发展之中。因此，学前教育教师在开展教育教学活动的过程中，还需要紧跟时代的发展变化，不断对自己的通识性知识进行优化。

4. 优化个人实践性知识

学前教育教师在开展教育教学活动的过程中，既能逐渐积累起丰富的实践性知识，也可以对自己之前所储存的实践性知识进行检查，明确其正确与否。这就表明了，学前教育教师在开展教育教学活动的过程中，需要不断对自己的实践性知识进行优化。

(二)不断提升自己的专业能力

学前教育教师专业能力的提升是一个渐进的过程，内力和外力的共同作用，加上有意识的规划和适宜的条件等因素，学前教育教师的专业能力才能得到有效的提升。具体来说，学前教育教师可借助于以下几个途径来提升自己的专业能力。

1. 加强知识学习

相关研究显示,人的能力当中有很大一部分是知识概括化的结果。相对于其他学段的教师,学前教育教师的学历层次偏低,知识功底相对薄弱。因此,学前教育教师要想提高自身的专业能力就要通过自学、听讲座、接受各种培训等多种形式,不断拓宽和加深专业知识,为专业能力的提升打好基础。

2. 不断反思和改进

反思是教师着眼于自己的活动过程来分析自己做出某种行为、决策以及所产生结果的过程,是一种通过提高参与者自我觉察水平来促进能力发展的手段。同时,专业反思是促进教师发展的重要内在机制,是提升教师专业能力的有力手段和有效途径。因此,学前教育教师要想不断提升自己的专业能力,必须要重视反思的作用。

具体来说,学前教育教师要不断反思教育中的问题,并努力去探究和解决这些问题;要不断反思教育实践和教育行为的合理性与适切性程度,不断寻求调整和改进。

3. 进行园本教研

进行园本教研,也是学前教育教师提高自身专业能力的一个重要途径。所谓“园本教研”,就是以园为本的教育教学研究,是一种以幼儿园为研究基地,以一线学前教育教师为研究主体,以学前教育教师在教育教学实践中所遇到的真实问题为研究对象的研究活动。园本教研实际上是学前教育教师在通过研究自己教学中的问题,找到解决问题的途径这一过程中获得提高和发展。因此,学前教育教师通过积极参与园本教研,可以有效提高自身的专业能力,继而促进自身实现专业化发展。

三、做好个人专业发展规划

"凡事预则立,不预则废",学前教育教师的专业发展也不例外。也就是说,学前教育教师要实现自己的专业发展,必须要制定与自身相符合的专业发展规划。

(一)学前教育教师专业发展规划的含义

所谓学前教育教师专业发展规划,简单来说就是学前教育教师对自己的专业发展进行的规划,主要包括以下几方面的内容。

第一,学前教育教师对职业目标与预期成就的设想。

第二,学前教育教师对工作单位和岗位的选择。

第三,学前教育教师对各专业素养的具体目标的设计。

第四,学前教育教师对成长阶段的设计以及所采取的措施等。

(二)学前教育教师专业发展规划的要求

学前教育教师在制定自己的专业发展规划时,要使其在自己的专业发展过程中真正发挥有效的作用,必须遵循以下几方面的要求。

1.要有鲜明的个性

学前教育教师专业发展规划是学前教育教师自我的、个人的规划,而非他人的规划,是与学前教育教师的个人专业发展、职业生涯、学习和工作有关的规划,因而必须要有鲜明的个性。只有这样,学前教育教师所制定的专业发展规划才能对自身发展真正发挥作用。

2.要有具体的内容

学前教育教师专业发展规划一定要具体明确,既不能含糊其辞,更不能泛泛而谈。不管是专业发展的目标、方法、路径还是策略,必须具体细化,写明是什么、为什么、做什么、怎样做、何时做等。此外,语言描述也要简洁明确,清晰具体,要避免笼统、概括、有歧义的语言。

3.要切实可行

学前教育教师专业发展规划在制定后是要予以实施的,因而必须是切实可行。为此,学前教育教师在制定专业发展规划时,一定要从自身专业发展的实际出发、从自己所处的环境、从自己所面临的问题和需要出发,要强调专业发展规划的现实性和针对性,切不可从书本上、网络上拿来他人的言辞和规划为己所用,使专业发展规划成为他人的规划,从而失去应用的价值。

4.要有明显的效果

学前教育教师专业发展规划不能空谈道理和概念,不能只在"应该"怎样、"已经"怎样上兜圈子,更多地要思考在个人专业发展中,还要做什么,怎样才能让自己的专业发展更好、更快、更有效。也就是说,学前教育教师所制定的专业发展规划一定要能够对自己的专业发展有所帮助。

(三)学前教育教师专业发展规划的思路

学前教育教师专业发展规划是学前教育教师为自己的专业发展设计的一个蓝图,是学前教育教师基于自我认识、环境分析、深入思考的结果。而学前教育教师要确保自己所制定的专业发展规划是客观的、全面的、可行的,需要遵循以下的思路进行设计。

1.分析专业发展的现状水平

学前教育教师在制定专业发展规划时,首先要做的是分析自己专业发展的现状水平。对自己专业发展现状水平的分析是否真实、到位,将影响到学前教育教师所制定的专业发展规划是否有效。此外，学前教育教师在对自己的专业发展现状水平进行分析时，主要应分析自己在专业发展中的优势以及专业发展问题。

2.拟定专业发展目标

学前教育教师的专业发展目标是在现状分析基础上针对问题提出的自己发展的目标。学前教育教师在拟定自己专业发展的目标时，要特别注意以下两个方面。

第一，学前教育教师专业发展目标应包括两个部分：一部分是总体目标，即发展的总体思路和发展方向；另一部分是把总体目标分解成具体的阶段目标，并写明自己如何分阶段实施达成目标。这样做便于学前教育教师在专业发展的过程中，心中时刻装有目标，使学前教育教师的发展不会迷糊。

第二，学前教育教师专业发展目标应具体明确，切忌宽泛空洞。

3.采取的专业发展措施

专业发展措施是学前教育教师在专业发展目标基础上制定的措施，是具体的做法，使目标通过措施的完成落到实处，这样不会使学前教育教师在发展过程中盲从或不知所措。学前教育教师在制定自己专业发展的措施时，要特别注意以下几个方面。

第一，学前教育教师所制定的专业发展措施必须要有针对性。

第二，学前教育教师所制定的专业发展措施必须是具体明确的。

第三，学前教育教师所制定的专业发展措施必须具有可操作性。

4.检核专业发展目标的达成情况

发展检测是为了落实学前教育教师专业发展目标的达成，紧扣目标的自我对话。它是学前教育坚实专业发展规划的最后环节和必要环节,检测内容紧扣发展目标,同时在达成目标方面还对每一个目标所经历的过程进行回顾反思,梳理出策略和方法。

第四节　学前教育教师专业发展的支持策略

学前教育教师持续、有效的专业发展,需要有效的支持策略。具体来说,促进学前教育教师专业发展的有效支持策略有以下几个。

一、建设多元学前教育教师学习共同体

学前教育教师专业发展的路径是多样的,而组建多元学前教育教师学习共同体是促进学前教育教师走向专业化发展的一种新模式。因此,建设学前教育教师学习共同体,对于学前教育教师的专业发展具有重要的支持作用。

(一)学前教育教师学习共同体的含义

学前教育教师学习共同体就是基于幼儿园教育实践,以促进学前教育教师专业发展和学前儿童质量提高为愿景,由学前教育教师自愿组织共同开展学习研究活动的学习型组织。

学前教育教师学习共同体能够充分发挥学前教育教师个人在组织中的主体作用,让学前教育教师个体以及整体的聪明才智得以尽情舒展,从而激发学前教育教师个人的责任心和成就感。此外,学前教育教师学习共同体能够达到资源共享、信息互通,使整个学前教育教师队伍充满朝气和活力。如此一来,学前教育教师便能不断丰富自己的专业知识、提高自己的专业能力,继而在学前教育的发展中发挥出更大的作用。

(二)学前教育教师学习共同体的特点

相比其他的学习型组织来说,学前教育教师学习共同体具有

以下几个鲜明的特点。

1.共同愿景的发展性

学习是一切学习共同体的本质所在,发展是学前教育教师学习共同体的共同愿景。也就是说,学前教育教师学习共同体的建设,根本目的是通过共同学习促进学前教育教师、学前儿童以及幼儿园等得到更好、更快、更有效的发展。

2.学习资源的共享性

学前教育教师学习共同体的资源既需要各个主体共同开发、建设,也理应由全体成员共同分享,互通有无。

3.主体关系的平等性

学前教育教师是学前教育教师学习共同体的主体,主体间的关系是平等的同伴关系,即在共同体内的学前教育教师不论在地位上还是权利上都是平等的。

4.学习内容的专业性

学前教育教师学习共同体所学习、研究的内容,主要是学前教育教师在教书育人过程中的问题、困惑和科研课题。很明显,这些内容是极富专业性的,有着很强的学术含量。

5.活动形式的互动性

学前教育教师学习共同体要想获得生存与发展,必须要有活动这一最基本的条件。此外,学前教育教师学习共同体的活动多为对话、协作,互动性特点十分明显。

(三)多元学前教育教师学习共同体的构建

就当前来说,在构建多元学前教育教师学习共同体时,应特别注意以下几个方面。

第一,既要重视正式的学前教育教师学习共同体的构建,也要重视非正式的学前教育教师学习共同体的构建。所谓正式的学前教育教师学习共同体,就是一种有计划、有组织、有特定时间、基本有固定成员参与的学前教育教师学习群体;所谓非正式的学前教育教师学习共同体,就是学前教育教师围绕教学或学前儿童等问题、需要自发组织的团队;或无组织的随机交流和讨论。

第二,要积极实现学前教育教师学习共同体内成员的多元化。也就是说,在学前教育教师学习共同体内要允许差异的存在。学前教育教师在经验、认识、能力、思维方式等方面的差异,既能成为推动学前教育教师专业发展的原动力,也能为学前教育教师的同伴学习提供可行性,继而促进学前教育教师的多元化发展。

第三,要重视学前教育教师研究共同体的构建,以确保学前教育教师能真正参与到教研工作之中,为幼儿园以及整个学前教育的进一步发展提供有益的建议。

二、优化学前教育教师的专业发展评价

学前教育教师专业发展评价是学前教育教师专业发展道路上的助推器,对于促进学前教育教师的专业发展具有重要的意义。因此,必须高度重视学前教育教师专业发展评价,并积极对其进行优化。

(一)学前教育教师专业发展评价优化的原因

就当前来说,学前教育教师专业发展评价中暴露出不少的问题,严重影响了学前教育教师的专业发展。因此,极有必要对学前教育教师专业发展评价进行优化。具体而言,以下几方面是导致当前必须对学前教育教师专业发展评价进行优化的重要原因。

1.偏重对学前教育教师工作的评定,少有对学前教育教师专业发展的认可

在当前,绝大多数幼儿园管理者习惯用行政管理的而非专业

发展的眼光和标准对学前教育教师进行考核、评价。也就是说，在对学前教育教师进行专业发展评价时，过于偏重对学前教育教师工作的评定，少有对学前教育教师专业发展的认可。很明显，这样的学前教育教师专业发展评价是不利于学前教育教师的专业发展的，因而必须进行优化。

2.偏重幼儿园组织目标，忽视学前教育教师专业发展的个体需要

在当前，有不少幼儿园在对学前教育教师的专业发展进行评价时，习惯于将自身的组织目标视为最为重要的评价标准，对学前教育教师个体的需要则未引起足够的重视，从而制约了学前教育教师的个性发展。因此，极有必要对学前教育教师专业发展评价进行优化。

3.过于强调量化的认定，忽视质的要求

有一些幼儿园在进行学前教育教师专业发展评价时，为了追求表面上的公平，会将丰富、复杂的学前教育教师专业发展过程简化和量化为可测的、外显的学习事件条目，如有多少篇教育反思、有多少次公开活动、有多少个获奖等，偏重对做与不做、做多与做少的评价，却忽略、丢弃了大量学前教育教师专业发展的生态性、心态性、情意性和过程性要素，而这些要素恰恰是促进教师专业发展与提高的最有意义、最根本、最真实的内容。因此，必须对学前教育教师专业发展评价进行优化。

4.过于偏重管理意义，少有对持续发展的激励

有一些幼儿园在对学前教育教师专业发展评价的结果进行反馈时，多以单向反馈方式，少有对话交流；评价反馈意见多以判定的方式，少有情境性写实描述；反馈意见多是对过去和当前的评定，少有对后续发展的积极建议；评价结果的利用多与奖惩挂钩，少有对后续改进完善，学习发展的精神激励。这就导致学前教育教师专业发展评价无法为学前教育教师的后续发展提供有

力的支持,从而制约了学前教育教师的专业化发展。因此,必须对学前教育教师专业发展评价进行优化。

(二)学前教育教师专业发展评价优化的内容

在对学前教育教师专业发展评价进行优化时,最重要的内容便是构建合理的学前教育教师专业发展评价模型。而根据教师评价改革的发展性价值取向以及学前教育教师专业发展评价中存在的现实问题,可以构建学前教育教师专业发展评价的"三三制"模型(图 8-4),即基于评价主体、评价内容、评价方式三个维度,每个维度包含三个组成因子,以促进学前教育教师专业发展为目标。

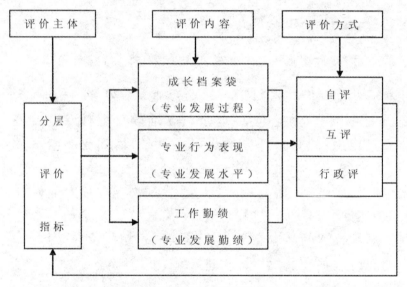

图 8-4　学前教育教师专业发展评价的"三三制"模型

1.评价主体

学前教育教师专业发展评价的主体主要是学前教育教师,但是学前教育教师根据不同情况是有层级区分的,不同层级的学前教育教师对应有不同的评价指标体系。这样做的目的是在承认和尊重学前教育教师的个体差异的基础上,帮助每一个学前教育教师更好地找准自己的位置,从而促使自己的专业水平得到大大提升。而要切实实现这一点,以下两个方面要特别予以注意。

第一,幼儿园管理者应根据学前教育教师的不同年龄、不同专业技术水平、专业发展所处的不同阶段,以及幼儿园不同的工作目标,设立分层级的学前教育教师成长发展目标要求。

第二,幼儿园管理者应以学前教育教师个体专业发展规划和幼儿园对不同发展阶段学前教育教师专业发展要求为依据,制定具有个性的、分层级的评价指标体系。

2.评价内容

学前教育教师专业发展评价的内容,可大致分为三个板块,即成长档案袋、专业行为表现和工作勤绩。

(1)成长档案袋

建立学前教育教师的个人专业成长档案袋,注重对学前教育教师专业发展的过程进行评价,以引导学前教师积极关注个人专业发展的状况。此外,学前教育教师个人专业成长档案袋通常由学前教育教师自主建立,以记载个人专业发展活动、专业发展心得、专业发展成果为主。因此,学前教育教师个人专业成长档案袋的建设过程,也就是学前教育教师不断总结、反思、学习促进自己专业发展的过程,是对发展中的问题进行自我改进、完善、调整的过程。

一般来说,学前教育教师个人专业成长档案袋中要包括以下几方面的资料:目标资料,如个人专业发展规划和不同阶段的发展目标;过程资料,反映专业发展水平和绩效的印证资料,包括奖励证书复印件,发表作品复印件,参加课题研究、教研活动的记录、报告、证明、评价表等,继续教育证书等证件,专业发展重要活动、事件记录,教育教学案例及个人反思,所教学前儿童的学习和活动情况等。

(2)专业行为表现

专业行为表现即学前教育教师在履行教育职责时,在幼儿园日常教育活动中的专业行为表现。其主要反映的是学前教育教师的专业发展水平,对于学前教育教师明确自己的专业发展阶段具有重要的作用。

(3)工作勤绩

工作勤绩主要反映的是学前教育教师日常工作的完成情况,主要是为了明确学前教育教师的专业发展勤绩。

3.评价方式

学前教育教师专业发展评价的方式应是多元性的,既要包括学前教育教师个体的自评,也要包括学前教育教师同行的互评以及幼儿园行政人员的考评。

三、健全学前教育教师专业发展的政策法律保障体系

随着经济的快速发展,与社会对学前教育不断增强的需求及与中小学教育相比,学前教育的发展明显滞后,是目前整个基础教育体系中较为薄弱的环节。其中,师资队伍质量参差不齐、人员流动频繁、学前教育教师专业发展平台缺失等,成为牵制学前教育发展的瓶颈。世界发达国家的成功经验表明,学前教育教师专业发展离不开政府的支持,而这种支持主要表现为建立健全学前教育教师专业发展的政策法律保障体系。具体来说,政府可从以下几方面着手来建立健全学前教育教师专业发展的政策法律保障体系。

(一)加强学前教育立法,为学前教育教师专业发展提供强有力的法律保障

在没有立法保障的情况下,一切政策、制度都可能仅仅是一纸空文、有名无实。因此,要为学前教育教师专业发展提供有力的支撑,政府还必须高度重视学前教育立法工作的推进。

自改革开放以来,我国学前教育在改革中不断发展,逐渐走上依法治教的轨道。但是,和其他学段相比,学前教育的法律地位明显较低,到目前为止还没有专门的《学前教育法》。这既导致

学前教育的发展缺乏强有力的法律保障,也导致学前教育教师的专业发展无法获得有利的法律支撑。如此一来,学前教育教师的专业发展积极性必然会受到严重制约。因此,政府必须加强学前教育立法,为学前教育教师专业发展提供强有力的法律保障。

(二)严格学前教育教师从业标准,强化学前教育教师的专业特性

长期以来,我国学前教育教师没有明确、严格的从业标准,从而导致学前教育教师队伍鱼龙混杂。此外,随着近年来幼教体制改革的进行,导致大量合格或优秀的学前教育师资流失,相应的大量低素质人员进入学前教育教师队伍,大大降低了学前教育教师的专业化程度,弱化了学前教育教师的专业特性,使学前教育教师的社会地位受到严重影响。在此影响下,学前教育教师被社会上一些人称为"高级保姆",反映了人们对学前教育教师职业的不可替代性表示怀疑。因此,从政策法规的层面制定严格的学前教育教师从业标准,强化学前教育教师的专业特性,是促进学前教育教师专业发展的重要策略。

(三)建立学前教育教师的福利保障体系,提高学前教育教师的职业地位

学前教育教师专业特性、职业特性的弱化,在很大程度上导致学前教育教师的职业地位和社会声望都比较低下,进而又在很大程度上导致了学前教育教师福利保障的缺失,造成优秀的学前教育教师不断流失、整个学前教育教师队伍的专业素质难以提升。因此,政府在今后一定要强化自身的公共责任意识,高度重视学前教育教师福利保障体系的构建,从而确保学前教育教师的职业地位真正得到有效提高。

(四)完善学前教育教师专业技术职务评定和资格认定制度,强化学前教育教师的职业特性

在衡量一个职业有无严格的从业标准时,一个重要的依据便

是该职业内部有无独立的、可操作性强的专业技术职务评定和资格认定的规范与制度。事实上，我国已针对学前教育教师制定了一些专业技术职务评定和资格认定的规范和制度，但不够完善，从而导致学前教育教师的职业特性相对较弱。这不仅制约了学前教育教师从教的积极性，冲淡了高学历者从事学前教育事业的热情，而且极大地阻碍了学前教育教师职业的专业化。因此，政府必须完善学前教育教师专业技术职务评定和资格认定制度，强化学前教育教师的职业特性。

参考文献

[1]胥兴春.学前心理学[M].重庆:西南师范大学出版社,2016.

[2]董旭花,等.幼儿园环境创设[M].北京:中国人民大学出版社,2018.

[3]李文治,袁林.幼儿教师师德修养与专业发展[M].北京:人民邮电出版社,2017.

[4]刘济良.幼儿教师职业道德[M].上海:复旦大学出版社,2015.

[5]国家教师资格统一考试命题研究组.综合素质·幼儿园[M].西安:西北大学出版社,2015.

[6]张建岁,霍习霞.中国学前教师专业标准岗位达标实训[M].上海:复旦大学出版社,2012.

[7]姚伟.学前教育学[M].长春:东北师范大学出版社,2012.

[8]申毅,王纬虹.幼儿教师专业发展[M].重庆:西南师范大学出版社,2008.

[9]柳国梁.学前教育教师发展:取向与路径[M].杭州:浙江大学出版社,2013.

[10]王娟.学前儿童健康教育[M].上海:复旦大学出版社,2012.

[11]李姗泽.学前儿童健康教育[M].北京:中央广播电视大学出版社,2014.

[12]范秀华.聪明宝宝左右脑开发与方案[M].呼和浩特:内蒙古人民出版社,2011.

[13]许卓娅.幼儿园健康教育与活动设计[M].长春:长春出版社,2013.

[14]郑传芹,曾跃霞.学前教育原理[M].武汉:华中科技大学出版社,2014.

[15]邓佐君.家庭教育学[M].福州:福建教育出版社,2013.

[16]丁连信.学前儿童家庭教育[M].北京:科学出版社,2011.

[17]董方侠,金树,潘亿生.大学生思政课实践教学探索[M].长沙:中南大学出版社,2016.

[18]付瑶.幼儿园建筑设计[M].北京:中国建筑工业出版社,2007.

[19]纪红霞.父母与幼儿教育[M].合肥:安徽少年儿童出版社,2011.

[20]李传永.学前教育学[M].沈阳:辽宁大学出版社,2013.

[21]李兰芳.学前儿童认知发展与学习[M].上海:复旦大学出版社,2014.

[22]李生兰.学前儿童家庭教育与活动指导[M].上海:华东师范大学出版社,2014.

[23]李艳艳,石焕霞.幼儿教师培训读本[M].长春:吉林大学出版社,2013.

[24]李跃文.儿童教育心理学[M].重庆:重庆出版社,2015.

[25]李志芳.幼儿园家长学校活动指导[M].北京:中国轻工业出版社,2015.

[26]廖军和,曹丽.中外学前教育简史[M].合肥:安徽大学出版社,2013.

[27]刘光仁,游涛.学前教育学[M].长沙:湖南大学出版社,2012.

[28]刘晓东,等.学前教育学[M].南京:江苏教育出版社,2011.

[29]刘晓红.学前儿童社会教育[M].郑州:郑州大学出版

社,2014.

[30]柳阳辉.学前教育学教程[M].上海:复旦大学出版社,2015.

[31]卢筱红.幼儿园家长开放日活动设计与实践指导[M].北京:中国轻工业出版社,2014.

[32]麦少美,高秀欣.学前卫生学[M].2版.上海:复旦大学出版社,2009.

[33]孟戡,夏雯娟.学前教育学[M].南昌:江西人民出版社,2015.

[34]齐敦贤.家教方略:九年义务教育阶段学生家庭教育[M].北京:旅游教育出版社,2011.

[35]施晗.不听话的孩子怎样教育[M].呼和浩特:远方出版社,2010.

[36]孙向阳.域外视野:国外学前教育理念解析[M].北京:北京少年儿童出版社,2011.

[37]孙志宜.西方美术教育史[M].合肥:合肥工业大学出版社,2014.

[38]田景正.学前教育史[M].长沙:湖南大学出版社,2015.

[39]王凌皓.陈鹤琴教育名著导读[M].长春:吉林文史出版社,2016.

[40]王智青.教子有方[M].呼和浩特:内蒙古大学出版社,2015.

[41]蔚蓝.走出家庭教育的86个误区[M].北京:朝华出版社,2011.

[42]魏建培.学前教育学[M].2版.北京:科学出版社,2012.

[43]文竹.好妈妈胜过好老师[M].北京:中国商业出版社,2016.

[44]夏婧.学前儿童教育学[M].北京:清华大学出版社,2016.

[45]徐旭荣.学前教育学[M].北京:人民邮电出版社,2015.

[46]严仲连.幼儿园社会教育与活动设计[M].长春:长春出版社,2013.

[47]杨建峰.世界上最有趣最有用的心理学定律[M].汕头:汕头大学出版社,2015.

[48]尤红玲.世界上最伟大的教育法则[M].呼和浩特:内蒙古人民出版社,2009.

[49]于冬青.中外学前教育史[M].长春:东北师范大学出版社,2013.

[50]袁爱玲.幼儿园环境创设[M].长沙:湖南大学出版社,2015.

[51]赵南.儿童支点教育要义[M].北京:光明日报出版社,2014.

[52]甄明友,顾飞飞.学前儿童教育学[M].北京:中央广播电视大学出版社,2011.

[53]郑福明.幼儿园教育与家庭教育[M].长春:东北师范大学出版社,2003.

[54]郑健成.学前教育学[M].2版.上海:复旦大学出版社,2014.

[55]郑三元,张建国.学前教育学[M].长沙:湖南大学出版社,2015.

[56]朱宗顺.学前教育原理[M].北京:中央广播电视大学出版社,2011.

[57][苏联]苏霍姆林斯基.把整个心灵献给孩子[M].唐其慈,毕淑之,译.天津:天津人民出版社,1981.

[58]安中凯,等.幼儿园课程开发的理论与实践[M].青岛:中国海洋大学出版社,2015.

[59]陈世明,彭怡玢,戴力芳.儿童戏剧的多元透视[M].上海:复旦大学出版社,2014.

[60]陈蔚红.学前儿童游戏[M].北京:中央广播电视大学出版社,2014.

[61]陈文华.幼儿园课程论[M].北京:科学出版社,2010.

[62]丁海东.学前游戏论[M].济南:山东人民出版社,2001.

[63]董旭花.幼儿园游戏[M].北京:科学出版社,2009.

[64]傅宏.儿童心理咨询与治疗[M].2版.南京:南京师范大学出版社,2015.

[65]高洁.追寻幼儿教育的游戏精神[M].北京:教育科学出版社,2013.

[66]葛东军.幼儿游戏设计与案例[M].保定:河北大学出版社,2012.

[67]胡娟.幼儿园课程概论[M].上海:复旦大学出版社,2015.

[68]黄晓燕.儿童社会工作服务指南[M].北京:中国社会出版社,2017.

[69]霍习霞.学前儿童游戏[M].上海:华东师范大学出版社,2013.

[70]吉兆麟,夏如波.幼儿园课程[M].南京:南京大学出版社,2015.

[71]雷湘竹.学前儿童游戏[M].上海:华东师范大学出版社,2012.

[72]李妙兰,冼胜佳,罗偲.学前儿童游戏技能实训与指导[M].广州:广东高等教育出版社,2013.

[73]李玮,李艳.幼儿园课程[M].北京:中国轻工业出版社,2016.

[74]李艳荣,杨彦.幼儿保教知识与能力[M].北京:北京师范大学出版社,2015.

[75]梁周全,尚玉芳.幼儿游戏与指导[M].北京:北京师范大学出版集团,2011.

[76]刘立民.幼儿园课程论[M].2版.大连:大连理工大学出版社,2012.

[77]刘晓红.学前儿童游戏[M].郑州:郑州大学出版

社,2016.

[78]刘焱.儿童游戏通论[M].福州:福建人民出版社,2015.

[79]柳阳辉,张兰英.学前儿童游戏[M].郑州:郑州大学出版社,2006.

[80]彭茜.幼儿园游戏化课程的理论与实践[M].广州:广东高等教育出版社,2018.

[81]苏敏,朱立萍.幼儿园课程设计与组织[M].上海:华东师范大学出版社,2016.

[82]万超,陈清淑.幼儿园课程论[M].长春:东北师范大学出版社,2016.

[83]汪明,梁艳,刘慧敏.学前比较教育[M].合肥:安徽大学出版社,2016.

[84]王慧敏.幼儿园课程论[M].北京:中央广播电视大学出版社,2014.

[85]王文乔,秦建勋.当代幼儿园课程与教育专题研究[M].北京:中国书籍出版社,2018.

[86]杨飞龙,孙丽影,刘春梅.学前游戏论[M].北京:中国铁道出版社,2016.

[87]杨旭,龙耀明.幼儿园教师入职指南[M].4版.长沙:湖南大学出版社,2016.

[88]姚伟.幼儿游戏与指导[M].北京:中央广播电视大学出版社,2014.

[89]于娜.学前儿童游戏指导[M].武汉:华中科技大学出版社,2015.

[90]中公教育江苏教师招聘考试研究院.学前教育一本通[M].北京:世界图书出版公司北京公司,2014.

[91]中人教育教师招聘考试命题研究中心组.教育理论综合知识:幼儿园[M].北京:现代教育出版社,2016.

[92]朱家雄,胡娟.幼儿园课程概论[M].上海:复旦大学出版社,2015.

[93]邹玲,王玉红.幼儿园游戏与指导[M].天津:南开大学出版社,2015.

[94][意]蒙台梭利.蒙台梭利幼儿教育科学方法[M].任代文,译.北京:人民教育出版社,2001.

[95]陈鹤琴.陈鹤琴全集:第2卷[M].南京:江苏教育出版社,1989.

[96]陈秀云,陈一飞.陈鹤琴全集:第4卷[M].南京:江苏教育出版社,2008.

[97]唐淑.学前教育史[M].北京:人民教育出版社,2018.

[98]祁彦江.谈幼儿生活自理能力的培养[J].散文百家,2015(3):129.